素肌と心が整う

発酵食レシピ

ゆるくはじめるオーガニック食美容

ちこ 著

エムディエヌコーポレーション

はじめに

この上なくしあわせなとき、人は一番美しい顔になる。

女性が「きれいになりたい」と望むのも、本来は、「しあわせでありたい」という心理が紐付いているからだと思います。

でも実際には、誰がどう見ても〝きれい〟なのに、容姿で悩む人もいます。この事実は、「本当の美しさ、本当のしあわせって何なんだろう？」と、考えるきっかけになりました。

しあわせの第一歩は、何のわだかまりもなく、誰の目も気にせず「自分が好き」といえること。

「自分のここが嫌い」と思い続けているのは、あたかも自らを呪い続けているかのようです。

最近では美容の技術が進み、整形やメイクで、かなり外見の悩みを解消できるようになりました。わたし自身は、美容医療や整形に対して批判はありません。顔が変わって、人生が前向きになることもあるから。わたしも過去には、メイクを楽しみ、戦闘態勢《せんとうたいせい》で街に繰り出していた時期があります。だから、メイクの楽しさも強さもわかります。

この世の中、なんだかんだいって、見た目、印象で評価される。良くも悪くも。だから、生きていくために美しくあろうとする人もいる。

でも、根本的な不安が拭《ぬぐ》えないと、どこまで〝きれい〟を追いかけても、しあわせが感じられなくなってしまいます。

わたしは物心ついた頃から、自分の顔、体型、性格、全部不満だらけでした。いつも他人を見て羨《うらや》んでは、そっと嫉妬《しっと》して、苦しくて、暗くなっていました。顔を変えたくて、お金があればなぁ……なんて思ったりしたことも一度や二度ではありません。欲求はエンドレスにずっと追いかけてくる。
そんなとき、「それは間違っているよ」といわんばかりに、肌がボロボロになっていきました。そして心も病んで……。
そこから立ち上がる過程を通して、苦しさの根本原因がやっとわかったのです。

それは〝上下意識〟でした。

上下意識とは、他人よりも、上なのか、下なのか、無意識のうちに判断している心の動きのこと。
もっときれいになりたい、あの人よりかわいくなりたい、というキリのない競争の中で、心はいつも苦しさと不安でいっぱい。

「苦しい……、一生、こんなこと続けるの……？」

限界を迎えかけた、そのとき。わたしを救ってくれたのは、とある大学受験塾の塾長先生でした。兄の紹介で入ったその塾は、なんとも変わったところで、学習塾なのにおいしい紅茶や手料理をふるまってくれるのです。

塾長先生の料理は、まるで魔法でした。食べると、毎回違った感動があり、一人静かに涙を流すことも。食べた後に残る、やすらぎと、あたたかみがある。なんとも不思議な料理なのです。

そんな風に毎回料理に感動する日々を送っていたある日、ふと気づいたのです。

「あれっ……、今、わたし苦しくない」

誰とも比較することなく、ただただ、今を味わっている。過去を悔やまず、恨まず、未来を憂《うれ》うこともない。とっても、穏やかな気持ちの自分がいる。

騒音だらけだった心に、〝無音〟が訪れたのです。

そうして、目の前のおいしいごはんを、ただありがたく食べ続けていたら、驚くほど身も心も回復していきました。

その塾長先生こそが、わたしの人生の師・北極老人（以下、先生）です。

先生から教わった通りに、ライフスタイルも、食べ方も変えました。すると、今までの苦労が嘘のように、頑固なニキビ跡も消え、肌はみるみるきれいに！

肌荒れを通して、まるで神様がわたしに何かを教え、授けてくれたかのように、考え方まで明るくなっていったのです。

かつてのわたしは、完ぺきを目指しすぎて、心が崩壊寸前でした。そうではなく、ダメなところも許せる心とユーモアを持てたとき、あんなに嫌いだったはずの自分の顔も、素直に愛せるようになれたのです。それだけじゃありません。苦手だと思っていた人のことまで、同時に好きになり、心から笑えるようになりました。

本書では、何のために美しくあろうとするのか？　その核心に触れながら、わたしの美肌のレシピをご紹介します。大切なことはノウハウではありません。日々の「食事」と「スキンケア」を通して、あなたの手で、あなた自身を慈《いつく》しむことです。

〝食べること〟で、内側から心身を清《きよ》らかにする。
〝スキンケア〟で、外側から輝く素肌をつくる。

おいしく食べて、楽しみながらきれいになれる。難しいことは、ひとつもありません。ぜひ、生活に取り入れやすいことから、はじめてみてください。

ちこ

ちこ的美しい素肌の定義

素肌がきれいな人は素直に生きている

この本で目指すのは、〝清らかな素肌〟になること。

素肌は、自分が食べたもの、思ったこと、考えたこと、感じたこと、それらすべての〝結果〟として表れます。清らかで、心地のいい生活をしていたら、どなたでも、素肌はきれいになっていきます。

「清らか」という言葉には、「ケガレがなく美しい」という意味があります。

日本人は昔から、ケガレを祓《はら》い清める習慣を大切にしてきました。その根底には、どんな人もケガレを祓えば、神様からいただいた本来の〝清らかさ〟が顕《あらわ》れる、という神道の精神があります。

「ケガレのない」とは、シミやしわ、肌トラブルがない、という意味ではありません。

いいなぁ、あの人は……と、他人を妬《ねた》ましく思う気持ち。

どうせ、わたしなんて……と、自分を傷つける気持ち。

まずは、そうした心のケガレを祓って、素直になることです。

少しくらい、シミやしわ、肌トラブルがあろうと、なによりも、しあわせいっぱいのあなたの表情こそが、清らかな素肌につながります。
わたしの肌はなんてかわいいんだろう。あぁ、しあわせだなぁ。
そう思えたとき、あなたの魅力は最大限に発揮されて、肌が内側から輝くのです。

食べ物と肌と心はつながっている

肌は食べたものでできている

肌と心は表裏一体で、肌は「心の映し鏡」だと思います。

根本的なところでいうと、肌が荒れてしまうのは、感情が荒れているから。

ニキビや吹き出物ができるのは、心に要らないものを溜《た》め込んでいるから。

わたしは、肌荒れがきっかけで、薬に頼ってみたり、漢方を取り入れてみたり、代謝を良くするために運動したり、自然食に興味をもって玄米菜食にハマった時期もありました。そんなに食事のことを気にしている同年代の友人は周りにいなかったので、はじめは変人扱いでしたが、治したい一心で突き進みました。

でも、どんなにやり方が正しくても、心が元気ではない自分が作るものは、「どこかおいしくない」。なにより、「これは食べちゃダメ。きっと肌に悪い……」と、食材を裁いて、〝悪者扱い〟していたわたしは、きっと食材に嫌われていたと思います。

そんな食事ばかりをしているので、心はいつまでも、満たされない。

でも、先生がまるでひかりの塊《かたまり》のようなおいしい手料理を食べさせてくれて、
わたしの心は徐々にうるおいを取り戻し、荒れた肌が整いはじめたのです。

〝食べたもので、体はできている。
だから食べ方は、生き方そのもの。
それを肌は鏡のように映し出す。
だから肌を見たら、食べているものがわかる。
好き嫌いをなくし、心を鎮《しず》めて、
自然のものを感謝して食事をいただく〟

これがわたしが基本とする美容の考えです。

ちこ店長の肌と心の歴史

わたしは、大阪府枚方市楠葉という街で、飲食店「ゆにわ」の店長をしています。どうして食の道に入ったのか。実は、肌トラブルがきっかけでした。

この本のはじめにも、書かせていただきましたが、心に嘘をつき、化粧を重ねて本当の自分を隠して生きていたわたしが、素肌のままで生きられるようになったのは、人生の師・北極老人（以下、先生）のおかげです。

初めて先生の塾を訪れた日のことは、今も忘れません。

塾の玄関を開けると、そこには異世界が広がっていました。いわゆる〝学習塾〟のイメージとは全く違うのです。初めて訪れたはずなのに、なぜか、なつかしい。アットホームで、あたたかみのある空間は、空気が澄んでいて、気持ちが良くて。

さらに、度肝を抜かれたのは、先生の奥様の姿でした。すっごくきれいなお肌で、実年齢よりも20歳くらい若く見えて、大学生かと本気で思いました。しかも、聞いてみるとお化粧をしていないというのです！　信じられない。すごすぎる。この人についていこう！　と、心に決めました（笑）。

そして奥様から肌のケアのことを教わり、その通りにやってみました。

まずは、皮膚を回復させるべく、石油系成分が入った化粧品を手放しました。

それまで肌荒れやニキビを、コンシーラー、ファンデーションで覆い隠す毎日だったので、いったん全部やめるなんて、それはそれは勇気のいることでした。でも、何もごまかさずに、素肌が輝く奥様を見ていると、「きっと大丈夫！」と思えたのです。

隠すことをやめ、肌に風通しのいい状態を作ると、気持ちまで軽くなっていきました。気分を明るくするためにしていたメイクが、いつのまにか気分を重たくさせていたことを、このとき痛感したのです。

そして、次に変えたのは〝水〟です。塾には、数種類の浄水器がついていて、その水を汲《く》んで帰らせてくれました。飲む水、調理の水、肌につける水、すべて変えました。

先生からは、このように教わりました。

「顔は内臓の鏡、とはいうけれど、心の鏡でもあるんだ。

勉強で思考を集中させたら、いったん思考の熱を鎮めるようにしなさい。

良書を1ページでも読むようにし、良い言葉を栄養としなさい。

感情と向き合いなさい。感情を乱すのは自己中心性が原因。それをひとつ見つけるたんびに、ニキビはひとつ減るよ。

気分をコントロールしなさい。実は、気分の浮き沈みは食べ方が原因だ。好きな人と好きな場所で、楽しく食事をするようにしなさい。イヤな人とイヤな場所でイヤイヤ愚《ぐ》痴《ち》をこぼしながら食べるからニキビができるんだよ。

酸化した油は摂らないこと。なるべく白砂糖は摂らないこと。良い水、良い塩、良いごはんを、安心感に浸りながら、よく噛んで食べるようになさい。

そうすれば、自然に、ニキビは治るから」

この言葉は衝撃でした。食べているときの〝気分〟なんて、1ミクロンも考えたことがなかったからです。

でも、いわれてみれば、それまでのわたしは、いいといわれることはなんでも試したものの、一向に肌はきれいにならなかったのです。栄養素ばかり気にして、まるで小動物のエサのような、ボソボソした食事を、イヤイヤ頑張っていた時期もありました。

その頃は、ぜんぜんしあわせじゃなくって、安心とは程遠い毎日でした。

いわゆる〝正しいこと〟をやっても、心が元気にならなかったら、体も美しくはなりません。でも、心が元気になったら、それは肌にも表れるのです。

荒れたわたしの心を元気にしてくれたのは、先生の作ってくれた〝ひかりのごはん〟です。わたしが仲間と立ち上げた飲食店「ゆにわ」は、先生のことを慕《した》って集まった仲間たちが、〝ひかりのごはん〟を再現すべく、はじめたお店なのです。

１店舗目をオープンしたのが２００６年。当初から、添加物や保存料といった不自然なものを一切使わないスタイルで、野菜・肉・魚の品質はもちろん、水・調味料に至るまで、徹底して素材に向き合ってきました。

年々、オーガニックという考えが広がってきています。でも、日本でのオーガニックの基準は、とても曖昧《あいまい》です。例えば、〝無添加〟をうたうパン屋さんでも、小麦粉だけが無添加で、パンに入れる惣菜や調味料には、たっぷり添加物が使われている、なんてことも普通にありますし、スーパーでも、海外では人体に危険だとして規制がかかっている添加物を使ったものが、日本ではいまだに平気で売られています。

それくらい規制がゆるいので、「ゆにわ」では、食材の〝表示〟を見ても、あてにはしません。体と心のセンサーで、感じることを大事にしています。例えば、食べたものが合わないとポツッとニキビができます。それは自分の肌が「これは不要だ」と判断して、外に出そうとする自然な働きです。そして、１日２日もすれば、きれいに治ってしまいます。賢いんですね、本来の人の体って。肌を育てていくと、不要なものを出したり、必要なものを守ったり、ちゃんと機能するようになるのです。

食べ物も、スキンケア用品も、スタッフみんなで試し続けて、しっくりきたものだけを選ぶようにしてきました。すると不思議。みんな実年齢よりも、肌が光って、若々しい空気をまとうようになるのです。

「ゆにわのみなさんって、顔が輝いていますよね！」

そういって、「ゆにわ」のライフスタイルを実践されるお客様が全国にたくさん（実は海外にも！）いらっしゃいます。そんなみなさまに応援していただいて、今では、大阪に６店舗、東京に１店舗の飲食店を構えるようになりました（２０２２年現在）。さらに、「ゆにわマート」というお店では、わたしたちが愛用しているスキンケア用品や調味料をはじめ、体と心が元気になるアイテムを揃《そろ》えています。

素肌が愛おしくなって、素直な自分になれる、「ゆにわ流」の食と美容。

この本との出会いをきっかけに、ぜひ、あなたもはじめてみてください。

目次

2章 素肌が美しくなるケア

料理をはじめる前に

◎ 材料は基本的に４人分です。

◎ 長時間煮込むもの、保存がきくもの、たくさん作った方がおいしいものは「作りやすい分量」としています。

◎ 野菜は基本的に洗ってから皮をむいています。

◎ 計量の単位は小さじ１＝５㎖、大さじ１＝15㎖、１カップ＝200㎖です。

◎ 醤油、酒、みりんなど液状の調味料の大さじ１、小さじ１のはかり方は表面張力で盛り上がるほど入れた状態をいいます。

◎ 液状の調味料の大さじ1/2、小さじ1/2のはかり方は、スプーンの底が丸くなっているので半分ではなく、だいたい2/3ほどを目安に入れた状態をいいます。

◎ 砂糖や塩、粉状の調味料の大さじ１、小さじ１のはかり方は、山盛りにすくい、箸やすりきり棒などでさじのふちをなぞってならした状態をいいます。

◎ 粉状の調味料の大さじ1/2、小さじ1/2のはかり方は、大さじ１、小さじ１をはかってから箸やすりきり棒などで半量を取り除いた状態をいいます。

◎ 少々は人差し指と親指の２本の指先でつまんだくらいの量です。

◎ 塩ひとつまみは、親指と人差し指と中指の３本の指先でつまんだくらいの量をいいます。

◎ 適量は、好みの味になる量をいいます。

◎ 弱火は、コンロの炎が鍋の底にあたらないくらいの状態をいいます。

◎ 中火は、コンロの炎の先端が鍋の底にあたるくらいの状態をいいます。

◎ 強火は、コンロの炎が鍋の底全体に勢いよくあたる状態をいいます。

◎ 特に記載のないものは中火とします。

あるといい調味料

「ゆにわ」で使用している基本調味料は、添加物、保存料を使わず昔ながらの製法で作られたものです。調味料で料理の味は左右されるので、できるだけ上質なものをお使いください。

あるといい道具

直径28㎝のフライパン

１～２人暮らしの分量でも、鍋やフライパンは３～４人分が作れるサイズが使いやすいです。長く使い続けるなら直径28㎝ほどの軽くて扱いやすい鉄のものをおすすめしています。

２種類のバット

下ごしらえをスムーズにするには、バットがあると便利。ボウルと違う平たい形状は焼いたり、揚げたりする前の餃子やコロッケを並べたり、切った野菜を炒める順番に並べたり、といった作業がしやすいからです。また、さばいた後の血やくさみがある魚、肉を入れて下ごしらえするにもうってつけ。

ホーローのボウル

ステンレス製のものはにおいがつきにくい性質で使い勝手が良いですが、料理の香りが飛びやすいので、香りを大事にしたい調理にはホーロー製品がおすすめです。

まな板

野菜を切るまな板はイチョウなど木製のものを使っています。木製のまな板は食材のにおいが移りやすいので、魚や肉を切る用にはプラスチック製のまな板があると衛生的。薄いものを選び、木のまな板の上にのせて作業をすれば場所もとりません。

1章

素肌を美しくする食べ方

この章では、内側からきれいな肌をつくる
食材や食べ方、作り方をご紹介します。
紹介する食材は、日本人にとってなじみが深く
手に入れやすいものばかりです。
そして、それらの食材を活用した
おすすめレシピを43品収録。
おいしく食べながら
美しい素肌を育てましょう。

食べ物と肌と心の関係

シンプルなルール

肌には〝心の状態〟がそのまま表れています。

でも、その〝心〟、つまり性格を変えるのって、ちょっと難しいですよね。

わたし自身もそうでしたが、食べるものを変えたことで、自然と心の状態も良くなり、無理なく変わっていくことができました。

食べ物を変えることで、心が変わり、当然ですが体も強くなる。そうすれば、自《おの》ずと肌も変わっていきます。

では、どんなものを食べたら良いのでしょう？

マクロビ、オーガニック、玄米菜食、いろいろな食べ方がありますが、あまりにも制限しすぎると、それはそれでしんどくなってしまう。あれはダメ、これはいいという食事制限が厳しくなりすぎると、次第に心を枯らしてしまいます。

そして、「何を食べる」、に加えて大切なのが、「作ること、食べることとの向き合い方」。いくら食材にこだわっても、向き合い方が雑であれば、その価値を下げてしまいます。例えば、食材を雑に扱っていたり、食べるときもスマホやパソコンを見ながらだったり……。

とはいっても、堅苦しく感じる必要はありません。大切なのはその心。

食材が育てられ、ここまで運んでくれた人や、料理をしてくれた人への感謝の思いを持って、作り、食べることができれば、ＯＫ。そうして食べた食事は、心と体の栄養になっていくのです。

次ページからわたしのおすすめの食材８つと、作るとき、食べるときに大切にしていることを５つご紹介していきます。

肌と心に効く食材 ①

お水

水を飲まなきゃはじまらない

いい水を1日約2リットル

体の水分は、成人の場合、体重の約60パーセントといわれます。水分が不足すると、限られた水は生命維持のために優先的に使われてしまい、肌をうるおすことは後回しになってしまいます。ですから、水分不足では、いくら外から化粧水やクリームをつけても、内側から乾燥していくのです。

また、体内の水分は、老廃物を外に出すという重要な働きも担っています。水分不足で老廃物が体内に溜まると、肌荒れやむくみの原因になります。きれいな水を体中に巡らせること。これが大事な内側からのスキンケアになるのです。

１日に飲む水の量は、約２リットルを目安に、その日の体の状態に合わせて、こまめに少しずつ飲むのが理想です。冷たい水は内臓を冷やし、新陳代謝の低下につながりますので、できれば体温に近い40℃くらいのお白湯《さゆ》もしくは常温水にしましょう。いい水を飲むだけで、お腹の調子が良くなったり、肌ツヤが良くなったりと変化を感じられるはずです。

「つける水」にも注意

実は、洗顔やお風呂など「肌につける水」も気をつけてほしいポイント。水道水に含まれる塩素には、タンパク質を傷つける作用があるため、肌の乾燥やバリア機能の低下を引き起こすことも。他にも、古い水道管の赤サビが肌にダメージを与えることもあります。

だから、顔や体を洗うのにも浄水器を通したお水が一番。

わたしがニキビに悩んでいた高校生の頃は、家には浄水器がなかったので、塾の浄水器で水を汲《く》ませてもらいました。その水で顔を洗うようにしたら、その瞬間に違いがはっきりとわかりました。水道水で顔を洗うとピリッとする感じがありましたが、浄水で洗うと肌触りが優しく、洗い上がりがしっとり。

しばらくして、体中の水が入れ替わった頃に、顔中のニキビがきれいさっぱりなくなっていたのです。「水ってすごい！」とさけびたくなるくらい、水の影響力を実感しました。

だからこそ長い目で見たとき、高価な化粧水などより、まずは水を変えることをおすすめします。シャワーヘッドなど変えやすいものから試してみてください。

水に含まれる「情報」も大切

水は、どんな「情報」が含まれているかによって、エネルギーが大きく変わります。

水には情報を記憶する性質があり、例えば、その水が流れてきた環境や、周りにいる人の気持ちや状態までもが写るもの。水に罵声を浴びせたら結晶がぐちゃぐちゃになったり、愛のある言葉をかけると結晶が美しくなるという実験結果があるくらい、「水には情報が含まれる」というのは注目されている話なのです。

このように、水は近くにあるものの情報を写しやすく、イメージでいうと、水溜まりを覗《のぞ》き込むと、顔が映る鏡のようなもの。そして、良い情報の入った水は、おいしいだけでなく、その水を使った人を元気にしてくれます。

水に良い情報を加えるには、「神聖な物」として扱うことがポイント。「水の神様、よろしくお願いします」と祈るだけでも水のエネルギーは変わります。

「ゆにわ」で料理に使う水は、浄水器や活水器を何台も通して、おいしいのはもちろん、エネルギーも高めています。「ゆにわ」のお店で水を飲んでもらえたら、その良さがわかっていただけると思います。

家ではお風呂用の浄水器をつけています。もし浄水器の設置が難しい場合は、塩素を除去できるシャワーヘッドを付けて、シャワーからお湯張りをする方法もあります。わたしの実体験としても、シャワーヘッドを変えただけで、行きつけの美容院の美容師さんから「何か変えた？ 前よりすごくツヤが出てる！」といわれました。ね、水って本当に大事でしょう？

ちこ的おすすめアイテム

ゆにわオリジナル浄活水器
禊 -MISOGI- 浴室

極めて高い不純物除去能力で、水道水が髪や肌に優しい安全な水に。さらに、ゆにわで浄化したパワーストーン＆セラミックが水に良い情報を転写し、太古の水のように、エネルギーの高い状態に変わります。

宝石シャワー

水晶、エメラルド、ルビー、ヒスイ、トルマリン、麦飯石を1400℃で焼結したセラミックスで水を活性化。肌や髪に優しい水質にしてくれます。

センテンエナジー情報水
変若水（おちみず）

地下 150 mより汲み上げた南阿蘇の天然水に、人体に有益な情報を転写しました。キャップ1杯お風呂に入れるだけでお湯のエネルギーをアップ。スプレーボトルに入れてお肌に吹きかけるのもおすすめです。

お米

ご飯がおいしい
それだけでしあわせ

お米は肌と心の栄養

わたしは17歳になるまで、「炭水化物は太る」という先入観があって、お米が嫌いでした。でも先生の作ってくれた、炊き立てごはんの「おむすび」がおいしくて、おいしくて、一瞬でごはんが大好きなものに変わったのです。

何も入っていない、塩だけのおむすびなのに、光り輝いて、見るからにおいしそう。食べると、その日あったイヤなことも全部忘れてしまうくらい、なんともしあわせな気分になれました。

人間の体には栄養が必要ですが、心には光が必要です。かつてわたしはずっと、食べ物を「何キロカロリー」と数字で見ていて、その頃はどんなに計算して食べても、心は満たされませんでした。むしろ、食べたいものを食べられないストレスばかりが重なっていきました。

一方で、太陽の光をたくさん吸収したお米は、まさにエネルギーの塊。光をいただくイメージでお米を食べると、心が光で満たされます。そして、心の映し鏡である肌も、整ってくるのです。

お米は「物」として見るのではなく、「生き物」として丁寧に扱いましょう。「どのように見立てるか」が大切なのです。

お米の選び方・扱い方

いいお米を探すには、産直市場など、農家さんの顔が見えるところに行ってみるのもおすすめ。「ゆにわ」では、お米の銘柄《めいがら》や産地にはこだわらず、ご縁のあった農家さんのお米を使っています。

お米が呼吸し続けられるよう、紙の袋に入れて届けてもらい、運ぶときは、赤ちゃんを抱っこするように大切に。専用のスペースに保管して、炊飯釜を洗うスポンジもお米専用にしています。

気持ちを込めるほど、お米も応えてくれます。

おいしいごはんの炊き方

（材料）

お米　2合
天然塩　少々
水　360～400ml

（作り方）

❶お米を1合ずつバットやお盆に広げ、割れたり汚れたり、元気のないものを取り除く(※)。
❷①をザルに入れ、水（分量外）を張ったボウルにザルごと浸ける。
❸力を入れず優しくさらさらと数回混ぜたら、ザルをボウルから上げ、水気を切る。
❹③を鍋にうつし、水を入れる。
❺④に塩を入れ、底の方から1回お米を混ぜ返す。蓋をして20～30分ほど浸水させる。
❻⑤を強火で8分ほど炊く。鍋から泡が出てきたら、弱火にして7分。火を止めて7分ほど蒸し、蓋を開けてしゃもじで軽くかき混ぜ、すぐに蓋をする。約3分経ったら完成。

※お米を一粒一粒よく見て、傷んだり、黒ずんだりしているものを取り除いていきます。取り除いたお米は、庭や畑にまいて自然に還します。「ゆにわ」では、消費量も多く、この作業を長く続けていくためにも1合あたり1分と時間を決めています。

梅干し

美容にはすっぱ〜い梅が効く

梅は日本古来のスーパーフード

きれいな肌をつくるには、健やかな体があってこそ。そして、健康であるために、日本人が発明した最高のパワーフードのひとつが、「梅干し」だとわたしは思っています。

17歳のとき、先生は塾生たちの夜食にと、よく梅おむすびをつくってくれました。そのとき、こう教えてくれたのです。

「温かいごはんと、お味噌汁、梅干しに、温かい寝床。それさえあれば、人はしあわせに生きていけるんだよ」と。

わたしはこの言葉にハッとしました。〝本物〟の食べものは、まさに生命力の塊で、こんなにも元気をくれるのだと身にしみて感じたのです。

ところが最近は、〝まがい物〟がいっぱいあります。

健康のために「減塩じゃなきゃダメ！」という偏った考えが広まりすぎて、梅干しも、昔ながらのしょっぱい梅干しが避けられるようになり、今では水やお湯で塩抜きしてから化学調味料で味付けしたものが大半を占めています。

塩を減らすと腐りやすくなるので、減らした塩の代わりに防腐剤が使われます。さらに、塩とともに抜けた風味や栄養を補うために、化学調味料で味付けされる……。健康のため、という理由で減塩をうたいながら、こんなに〝不自然な

梅干しの美肌効果

若返りホルモンの分泌

梅干しのすっぱさの成分クエン酸は、唾液の分泌を促します。唾液には、「若返りホルモン」と呼ばれる成長ホルモンの一種「パロチン」が含まれ、新陳代謝を促し、肌のターンオーバーの周期を整えてくれます。

抗酸化作用

梅に含まれるポリフェノールやビタミンEには、細胞を傷つける「活性酸素」を除去する抗酸化作用があり、シミ、しわ、くすみなどを予防してくれる効果も。

整腸作用

クエン酸、カテキン酸、植物性乳酸菌、マグネシウムにより、腸の活動を良くして便秘の解消にも効果を発揮します。

ちょっと元気になりたいときは、1個丸ごとパクッと食べるといいですよ。

食べもの〟になってしまっては、元も子もありません。

本物の梅干しを見分ける方法は簡単。商品の名称欄に「調味梅干し」ではなく「梅干し」という記載があるかどうか、原材料表示を見て梅・塩・しそ以外の調味料や食品添加物が入っていないことをチェックしてみてください。

「ゆにわ」では、ずいぶん前から、昔ながらの自家製梅干しをお出ししていましたが、「自宅でも食べたい」というお声もあり、商品化して販売するようになりました。それが、〝寿《ことぶき》〟の梅干しです（P・35）。

寿という名は、日本人にとってなじみのある七福神の伝承から頂戴しました。七福神は、いわずとしれた福を運んでくれる神様。その中の〝福禄寿《ふくろくじゅ》〟という神様のお名前にはこのような意味があります。

「福」は、共に生きる仲間に恵まれること。

「禄」は、必要最低限のお金・食べ物・場所があること。

「寿」は、生命力にあふれていること。

これらは人がしあわせに生きるために大切な「三徳」と呼ばれます。実は、この「寿」を満たしてくれるものが、〝梅干し〟なのです。

毎日、本物の梅干しを食べることで健康になり、福をいただくことができます。

わたしは、一粒の梅干しを、半分はごはんにのせて、もう半分は白湯に沈めて飲むのが、お気に入りのいただき方です。

ゆにわの梅干し・梅酢

「寿の梅干し」

和歌山で採れた特別栽培の南高梅《なんこううめ》を、塩と梅酢で漬けて作っています。梅酢を循環させて漬けることで、栄養満点でおいしい梅干しができるのです。

「寿の梅酢」

「寿の梅干し」を漬けた際に出る、梅の果汁。まろやかな酸味と奥行きがあるうま味が特徴です。塩分とクエン酸による殺菌効果があるため、うがいにも使用できます。

一度食べるとやみつきになる魅惑の梅干しなのです。

肌と心に効く食材 4

発酵食品（麹《こうじ》・味噌・醤油）

美肌には麹を使わない手はない

日本人に合った腸内環境づくり

最近は、「腸活」なんて言葉が流行っていますが、何も特別なものを食べる必要はありません。なぜなら、日本で昔から食べられてきた味噌・醤油・みりん・酢・酒・麹などの発酵調味料があるからです。和食を中心にした食生活を送るだけで、調味料から発酵食品を摂ることができます。

特におすすめなのが麹です。麹は、酵素の宝庫と呼ばれており、その酵素のパワーで食べ物の消化吸収をスムーズにしてくれます。しかも、うま味や甘味が増しておいしくなるのです。日本人って、こんなものを発明して本当にすごいですよね。

麹菌は腸内の善玉菌を増やすだけでなく、それ自体も善玉菌のエサとなり、腸内環境を良くしてくれます。腸が健康になると、お通じが良くなって、お肌にもハリとツヤが出てきますよ。

肌に効く発酵食品の選び方

発酵食品を買うときは、「菌が生きている」ものを選びましょう。というのも、市販の味噌や醤油には、実は菌が存在しないものが多いのです。

本物の見分け方は、加熱殺菌・アルコール殺菌がされていないもの。成分表示に「酒精《しゅせい》（アルコールのこと）」と書いているものは、菌が活動していません（菌が生きている味噌は炭酸ガスが出るので、ガス抜き穴がついていることもあります）。あとは、化学調味料や保存料の使われていないものを選んでくださいね。

おすすめは、「へうげ《ひょうげ》味噌」と「新醤《あらびしお》」。熟成発酵した濃いうま味が感じられる、これぞ発酵食品という逸品です。

手作り塩麹・醤油麹・甘酒

塩麹

（材料）麹　300g
天然塩　110g
（複数の塩をブレンドしても◎）
水　400ml

（作り方）
❶材料をすべてヨーグルトメーカーに入れ、40℃で 24 時間保温する。

醤油麹

（材料）麹　300g
たまり醤油　540ml

（作り方）
❶材料をすべてヨーグルトメーカーに入れ、40℃で 20 時間保温する。

甘酒

（材料）白ごはん　200g
麹　300g
水　240ml

（作り方）
❶材料をすべてヨーグルトメーカーに入れ、58℃で 8 時間保温する。

Point

できたらすぐに冷却して冷蔵庫へ。ミキサーでペースト状にしても使いやすい。

旬のもの

旬のものを食べることで本来の自分を取り戻せる

旬のものを食べるとお肌もみずみずしく

日本人は昔から、季節の行事を大切にしてきました。どの行事にも欠かせないのがお祝いの料理です。四季折々の食材を味わい、大自然の神様に感謝する、すると、自然の循環に体と心のリズムが合ってきます。旬の時期には食材の栄養価が高くなるといわれていますし、値段も安くて新鮮なものが手に入ります。

一方で、「旬の野菜を買っても一回では使いきれなくて、冷蔵庫の中で腐らせてしまう」なんて話もよく聞きます。一般的な栄養学においては、「1日30品目を食べよう」といわれていて、その影響からか「いろんな種類を少しずつ食べた方がいい」と思ってしまう人が多いようです。ですが本来、食材の種類は多くなくていいのです。例えば、冬に旬を迎える大根には、体を温める性質があります。冬は体が冷えやすいので、大根を食べるのは理にかなっていますよね。このように、旬の食材は、その時期に体が必要とするものを与え、次の季節へ向かう体の準備もしてくれます。だから、同じ野菜ばっかり食卓に並ぶ日があってもいいのです。

「ゆにわ」では、ご縁のある農家さんから旬の野菜を届けてもらい、いろいろな料理に展開しています。大根なら大根ステーキ、みぞれ鍋、ぶり大根……。組み合わせ次第でいろいろな食べ方を楽しめます。旬を食べ切る食生活を続けていると心身がリラックスして、〝元気〟になっていくのがわかります。

旬野菜は
安くておいしくて
栄養満点！

旬の食材カレンダー

春

たけのこ、じゃがいも、
玉ネギ、キャベツ、
さやえんどう、
そらまめ、ふき、小松菜、
レタス、ワラビ、ニラ、
いちご、はっさく、
あさり、はまぐり、
鰹《かつお》、鯛《たい》

夏

トマト、きゅうり、
オクラ、枝豆、なす、
トウモロコシ、しそ、
ピーマン、モロヘイヤ、
ゴーヤ、とうがん、
すいか、メロン、桃、
鯵《あじ》、穴子《あなご》、アユ

秋

里芋、さつまいも、
きのこ、栗、にんじん、
しょうが、ほうれん草、
柿、りんご、梨、
ぶどう、いちじく、
ザクロ、
鮭《さけ》、鯖《さば》、秋刀魚《さんま》

冬

白菜、大根、
ほうれん草、小松菜、
かぶ、ごぼう、れんこん、
ネギ、やまいも、
カリフラワー、
ブロッコリー、
みかん、きんかん、
鱈《たら》、ぶり、かに

ヨモギ

ヨモギ風呂とヨモギ料理でダブルの薬効

〝和製ハーブの女王〟といわれるヨモギ。道端でよく見かける身近な薬草で、日本には約30種類、世界には３００種類近くもあるそうです。美容と健康に良いさまざまな薬効があり、日本人は昔から、ヨモギを使って体を守ってきました。例えば、ケガをしたら止血剤としてヨモギ汁をつけるとか、お腹に寄生虫がわいたらヨモギ汁を飲ませるといった民間療法が伝わっています。他にも、葉の裏の綿毛は灸をすえるときのもぐさに、干した葉は煎じて胃腸薬代わりに。「ヨモギ風呂」や「ヨモギ蒸し」は、湿疹やアトピー性皮膚炎に良いことがわかっています。体がポカポカ温まり、デトックス作用も抜群。お肌もつるつるになりますよ。

ヨモギの主な薬効成分は「クロロフィル（葉緑素）」によるものです。料理に加えると彩りがきれい。お茶として飲むと内側から体を温めてくれるので、冷え性の改善におすすめです。カルシウムの作用によって、イライラしているときに飲むと心が鎮まります。精神の安定にも良いとされます。

ヨモギの入手方法

乾燥ヨモギやヨモギ茶は、たいていの薬局や自然食品店で手に入ります。粉末や冷凍のペースト状のものも料理やお菓子作りに便利です。

ヨモギは公園や土手など、いたるところで自生していますので、自分で摘むこともできます。その場合は、毒草のトリカブトと葉の形がよく似ているので気をつけること。ヨモギの葉は、裏側が白いのが特徴です。また、ヨモギの葉を揉《も》むと、独特のヨモギ餅のような香りがするのも見分け方のひとつです。上の方のやわらかい新芽の部分だけを摘むようにしてください。

ヨモギの使い方

○料理・お菓子・ヨモギ茶

→ p74 ～ 78 参照

○ヨモギバーム

約 80°Cに温めた太白胡麻油《たいはくごまあぶら》に、ヨモギを浸して弱火にかけ 15 分ほどでこす。蜜蝋《みつろう》を入れて溶かし、容器に入れて混ぜながら冷まし固まれば完成。

○ヨモギ風呂

ヨモギを鍋で煮出した汁をお風呂に入れます。

オイル

良質なオイルは美肌の味方

うるおいに欠かせない肌のバリアは食べてつくる

「ニキビやベタつきの原因になりそう」「太りそう」なんて、敬遠されがちな油ですが、良い油は料理をおいしくするだけでなく、実は美肌に欠かせない食材です。脂質は肌のバリア機能を守ってくれる大事なものなので、油抜きの食事をしていたら、肌が乾燥して荒れてしまうのです。さらに、細胞を作るために不可欠で、ホルモンなど体内分泌液の材料でもあるので、鮮度の良い油を摂ったら肌、髪、体は自然とうるおってきます。そんな知識のなかった昔のわたしは、油を悪いものと思い込んで徹底的に避けていました。そのときは、肌が粉をふいてカサカサになり、うるおいはなく、年齢よりも老けて見えていたと思います。

ただし、油なら何を摂っても良いわけではなく、もちろん避けてほしい油もあります。特にマーガリンに代表される「トランス脂肪酸」には要注意。自然界には存在しない、人工的に作られた油です。「植物性油脂」「ショートニング」などと表示されているのでわかりづらいですが、海外では人体に有害なものとして規制されているほどです。

また、もとは良い油でも、熱を加えたり古くなったりして酸化したものも、避けてほしい油です。ついやりがちな、揚げ油の使い回しには気を付けたいものです。わたしは、〝油で揚げない〟揚げ物料理を心がけていて、コロッケやチキンカツを油で揚げません。衣をつけたら新鮮なオイルをスプレーで吹きつけて、オーブンで焼きます。この調理法なら、良い油だけをちゃんと摂ることができるのでおすすめです。もちろんどうしても揚げ物を食べたいときはつくりますが、「新鮮な油で揚げる」がキーワードです。または、良質な油を手軽に摂るなら手作りドレッシングもおすすめです。

保湿クリームで肌を守ることも大切ですが、体内でつくる皮脂が肌のバリアになるということも知ってほしいことのひとつです。

ちこのおすすめオイル

エキストラヴァージンオリーブオイル

サラダのドレッシングや、パスタやスープ、肉・魚介料理にも。

ごま油

すりごまのような風味で、熱にも比較的強い油です。揚げ物、炒め物や卵焼きなど、和洋中と万能に使えます。

米油

有機溶剤で油を抽出したものではなく、圧搾製法のものを。

ココナッツオイル

酸化しにくく熱に強い性質なので、焼き菓子などに。

亜麻仁油

美しさと健やかさのための必須脂肪酸「α-リノレン酸」を約46%～72%も含有。普段の食事では摂れない「オメガ3」が豊富に含まれています。

白砂糖・添加物はやめる

やめることで体が整います

不自然な食べ物との付き合い方

体にとって不自然なもの、例えば白砂糖や食品添加物といった人工的な食べ物は、腸に負担を与えます。肌のトラブルは、腸内環境の表れといわれるくらい肌と腸は密接な関係なので、腸に負担がかかって疲れていると、いくら外側から化粧水やクリームをつけても肌はなかなか元気にならないものです。

白砂糖は、摂りすぎると肥満や糖尿病のリスクを高めるだけではなく「糖《とう》化《か》」といって細胞を老化させます。そうすると、肌の弾力がなくなって、たるみやしわ、くすみの原因になることも。また諸説ありますが、アトピー性皮膚炎やアレルギー疾患を引き起こす原因になるともいわれています。

食品添加物は、実は大量に生産・流通している食品のほとんどに入っています。食品を加工しやすくしたり、保存性を高めるために必要なものもありますが、食べる側にとってはちょっと気になりますよね。

例えば、石油由来のタール色素や、化学合成された人工甘味料などは、自然界には存在しない化学合成物質であり、人の体内では分解されません。うま味調味料の「L-グルタミン酸ナトリウム」や酸化防止剤の「ビタミンC（L-アスコルビン酸）」は、自然界に存在する成分を真似て化学合成されたものです。厚生労働省が安全と認めていても、長期にわたって摂り続けることで、体にどのような影響があるのかは、まだわかっていない部分も多いのです。

　わたし自身、肌荒れがひどい時期は、良い物を肌につけたり、肌に良い野菜や果物を食べるようにしても、なかなか治りませんでした。そこで、加えるのではなく体にとって不自然なものをできるだけ食べないようにして、代わりに良い水、米、塩を摂るようにしました。すると、みるみる肌が本来の美しさを取り戻し、「これまで何かを〝足す〟ことで肌荒れを治そうとしていたけれど、まずは〝やめる〟ことが先なんだな」ということに気づいたのです。

　何をしても肌荒れが治らないときは、思い切って白砂糖や添加物を（できる限り）やめてみるのも一つの方法です。確かに、今の時代にそれを実践しようと思ったら、食べ物の選択肢は減るし、ハードルが高いと思われるかもしれません。でも、食べ物を選ぶことは、自分の未来を選ぶようなものですから、妥協せず選んでいただきたい、というのが本音です。やめてみるといかに食べ物が肌や心に影響しているか、その実感が年々増しています。

肌と心に
効く食べ方 1

見立て

今すぐごはんがおいしくなる習慣

「いきなり食材を変えたりするのはハードルが高い……」という人でも、今すぐできるのが「見立て」です。日本人は、昔から「見立て」を大事にしてきました。「見立て」とは、ほかの似ているものになぞらえること。例えば、おせち料理の「栗きんとん」は、金銀財宝に見立てられ、金運が良くなりますようにという願いが込められています。他にも、海老は腰の曲がった老人の姿に見立てられ、健康長寿を願って食べられてきたのです。

特別な日に限らず、普段の食事も「見立て」をすることで、もっとおいしく、もっと優しく体に入ってきます。

わたしがおすすめしているのは、目の前の食事をただの物質（栄養素・カロリー）だと思って食べるのではなく、すべての食事を〝ひかり〟と見立てて、ありがたくいただくことです。すると、体と心への作用が全く違います。

そして、「見立て」は料理をするときにも活用できます。「おいしくなぁれ」と念じながらつくるよりも、もうすでにおいしい料理となっていてひかり輝いていると見立てて料理をしたり、食べた人に食材の〝ひかり〟が届き、食べた人の表情が子

見ることで
世界が変わる

どものような笑顔になっている……そんな見立てをしながら料理をすると、いつもと同じレシピでも、不思議とおいしくなりますよ。

見立てるポイント

場

台所を神社のように見立て、
自分自身を清め、整理整頓する

道具

道具にも心があり、
神様が宿ると見立て、丁寧に扱う

食材

食材にも命があり、心があると
見立てて、その声を聞く

お祈り

祈ることは特別じゃない

ことあるごとに祈ってみる

お祈り、というとかしこまって聞こえますが、実は誰しもがやっていることであり、誰かにやってもらってきたことです。

日本では、妊娠がわかった頃から「安産祈願」をしたり、子どもが生まれるとすくすく育つようにと「お宮参り」をしたり、お食い初め、七五三、成人式、毎年の誕生日など、成長と無事を祈る行事が生活のなかにあふれています。

そして、大切な人が苦しんでいるとき、災害が起こったとき、「どうか助かってほしい」と願う。これらもすべて「祈り」なのです。

でも、日本人はそうした特別なときだけに祈るのではなくて、日常的に祈ることを大切にしてきた民族でもあります。神社仏閣が各地に数多くあり、祈る場所として大切に守られてきた歴史があるのです。だから、何派だとか何宗だとか、正直わたしには一切興味がありません。そんな枠組みではなくて大きな心で、堂々と、自分のしあわせを遠慮なく受け入れ、人のしあわせを心から願いたい。

日常的に祈ること。それは一番美しい心の姿をあらわします。

誰かを想って料理をする、誰かを想って仕事をする。すると、自分もあたたかい気持ちになり、自然と心が整っていき、そのような心で作った料理は、食べた後の余韻が素晴らしく、食べた人を元気にしていきます。

最後に、わたしが先生から教わった祈りの言葉を紹介します。料理をする前にはぜひ、次の言葉を情感を込めて唱えてみてください。

「ただいまより、わたくし○○（名前）は、この食材の命を傷つけたり無駄にすることなく、○○○（料理名）を作らせていただきます。

今日も料理を食べていただくみなさまに、心身ともにゆるんで元気になっていただき、心から喜んでいただけますように。

料理の神様、あとはすべてお任せいたします」

肌と心に効く食べ方 3

場

未来のあなたは場で決まる

単なる片付けではなく、空気を片付ける

料理をするときも、ごはんを食べるときも、まず大切なこと。それは、場の空気を整えることです。

空間には、人の思いが蓄積していきます。例えば、居酒屋などで不意に愚痴をこぼしたくなったことはありませんか？　それは過去にその場でお酒を飲んだ人たちが残していった思いがぷかぷかと空間に残り、あなたに影響したからかもしれません。

空間中のネガティブな想念を総称して「邪気《じゃき》」といいます。邪気は、祓い清めない限りどんどん蓄積されていって、空気がにごり、心にも悪影響を及ぼします。だから、使うたびに空気のリセットが必要なのです。毎日、掃除・片付け・換気をして、生まれたてのような、みずみずしい、さっぱりとした空間に戻してあげます。

そんな場所で料理をし、ごはんを食べていたら、おいしくなるのはもちろん、日常生活の疲れも取れやすくなり、仕事のパフォーマンスも良くなります。

空気が良くなる掃除の基本

○こまめに空気を入れ換える

お線香を焚《た》いて、煙と一緒に邪気を追い出すイメージをすると、よりいっそう効果的です。わたしは、仕上げに変若水《おちみず》（P.29）を空間にスプレーしています。

○風が流れる部屋にする

風通しが悪い部屋はサーキュレーターを回すなどして、空気を循環させましょう。布ものは匂いを吸収するので定期的に洗濯したり風にさらしましょう。匂いが蓄積しないうちにリセットすると邪気が溜まりません。

○水回りをきれいにする

排水口は邪気の出口ですから、シンクに洗い物を放置しない。排水口のゴミはまめに捨てる。水垢が溜まらないように磨く。とにかく汚れる前に掃除することを心がけると、家全体の空気が良くなります。

○要らないものを片付ける

要らないもの、使っていないものが増えると、それだけで空気がよどみますから、多すぎるものは考えすぎず処分したり、ゆずったりしましょう。

道具

道具は自分や大切な人の体の一部

わたしは、道具を体の一部だと思っています。自分の体だったり、大切な人の体だったり。そうなると、ものの置き方、洗い方など、扱い方についても感じとれることが増えていきました。

無意識に、道具をコツンとぶつけてしまうと、「ごめんね！」と自然と口から発していたり、重たい機具は取っ手が付いていても、底から抱えないと嫌な感じがしたり。それは小さな子どもを抱き抱えるときに、腕だけを引っ張ったりしないのと同じで、抱き抱えてあげないと不安定でぶつかってしまうから。

そうしていると、だんだんと道具との絆が深まっていき、お玉も菜箸も、なんだか手の一部のように自在に使いやすくなっていきました。

わたしは、比較的にゆったりしている性格なのですが、調理や盛り付けのスピードが速いとよくいわれます。それはわたしが調理にむいているからではなく、こうした道具たちが味方してくれているからだと思っています。

料理をおいしく作れるようになるにも、道具がないと作れませんから、ベストパートナーになれるための2つのポイントを紹介します。

1　専用化

自分にとって、特別なもの、大事にしたいものは専用化することがおすすめです。すると道具は自分の役割を自覚して、その秘められた力を発揮してくれます。

例えば、炊飯専用のボウル・ザル、お味噌汁専用の鍋などです。「ゆにわ」の場合、「ごはん」を特に大切にしているので、炊飯用のボウルとザルは専用化しており、他のことと兼用して使うことはありません。そうすることで使いはじめた頃よりも、どんどんいい物に育って光っていきます。

2　儀式化

まるで〝儀式〟を行うかのように、道具の置き場所、準備の仕方、置き方、扱い方に、一定のルールを決めて、意識して丁寧に扱いましょう。

炊飯器でごはんを炊くことも、まるで茶道のお手前のように手順を決めて、専用の道具で、気持ちを整えて行います。

そうやっていつも意識して使うと、所作が流れるように美しくなっていき、その道具に触れるだけで、心が整うようになります。

美容についても、髪の毛を大事にしているなら髪の毛専用のタオルを用意して丁寧に扱う、なども当てはまります。そうやって道具を専用化・儀式化して使うことで、自分自身の想いと物との架け橋が生まれるのです。

食材

愛した分だけ輝いてくれる

食材の扱い方は肌の扱い方に通じる

わたしは、料理をはじめる前に、その日に使う食材をよく見ます。

食材には、目や口はついていませんが、目や口があると思って見てみると、食材もこちらをみつめてきます。すると、食材が、かわいくて、愛おしくなって、ひとつひとつの個性が見えてきます。

例えば、一言で〝玉ネギ〟といっても、同じ玉ネギなどひとつも存在しません。今日買ってきた玉ネギは、どの地域の、どんな畑で、いつ、誰の手で育てられたものなのか、色も形も全部違う。今、目の前にある食材も一期一会。しっかりと食材と目を合わせて、食材に触れ、洗い、切る。こうして、料理をしながら、心を通わせるようにしていくのです。

畑や海やいろんな場所から、長い旅を経て自分の目の前にきた食材たち。きっと疲れているはずだから、その食材を気持ちよく洗ってあげる。気持ちよく切ってあげる。ただ、丁寧に、丁寧にやっているだけで、しあわせな気持ちになってくる。そうしていると、素材の持ち味が引き出されます。

これって、自分の肌の扱い、体の扱いも同じことだと思うのです。今日、一日、がんばった体に「お疲れさま」という気持ちでお風呂に入ったり、手を洗ったりする。夜のスキンケアでは、「ありがとう」という気持ちで肌に触れてあげる。朝起きたら、「今日も一緒にがんばろう」という気持ちで優《やさ》しく触れてあげる。優《やさ》しく、優《やさ》しく、丁寧に、丁寧に触れることで、自分の体、顔、肌が、愛おしく感じられてきます。あの芸能人やモデルの顔とは違う個性があるけれど、この顔がかわいいと思えてしまう。

そんな風に、心を通わせて、愛情をかけてあげると、料理もおいしくなるし、肌もきれいになっていきます。反対に、何も考えず、何も思わず、単なる作業として食材や肌を扱うと、その冷たさは料理にも、肌にも表れます。

／お米レシピ／

おむすび（塩・おかか・納豆）

どんなときもサッと食べられる

Point

熱々の状態で握ることで、外側がしっかりと固まって、食べたら口の中でふんわりと広がる絶妙な食感になります。

（材料）（中サイズ9個分）

お米　3合

［塩おむすび］

天然塩　適量

水　適量

［おかかおむすび］

おかか　大さじ3

たまり醤油　大さじ1・2/3

みりん　大さじ2

きび砂糖　小さじ2

［納豆おむすび］

納豆　半パック

たまり醤油　小さじ1

（作り方）

塩おむすび

❶ボウルに水を用意し、手をつけて冷やしたら、天然塩を手のひらにつける。

❷ごはんが炊き上がったら、熱々の状態で握る。

おかかおむすび

❶おかか（出汁をとった後の鰹節）にたまり醤油1・2/3、みりん、きび砂糖を入れて、水分がなくなるまで煮詰める。

❷ごはんが炊き上がったら、①のおかかを混ぜて、握る。

納豆おむすび

❶納豆にたまり醤油小さじ1を入れて、混ぜ合わせる。

❷糸がひいてきたら、納豆を炊き立てのごはんの中に適量入れて、握る。

／ お米**レシピ** ／

薬膳粥

きれいをつくる食材がたっぷり！

> **Point**
> もち米の代わりに炊いた白米で作っても◎。胃腸の調子が優れないときなどにもおすすめ。

(材料)(4人分)

鶏もも肉
　2枚(600g)
なつめ　4個
クコの実　大さじ1
松の実　大さじ1
もち米　2合
ポトフ出汁(P.60)
　400ml
ルッコラ　1株
青ネギ　適量
しょうが　1かけ
天然塩　少々

[A]
塩麹(P.37)　3g
甘酒(P.37)　3g
天然塩　大さじ1・1/2
きび砂糖　大さじ1・1/2

(作り方)

❶[A]を鶏もも肉にしっかりともみ込む。
❷蒸し器に青ネギ、しょうがを皮ごとスライスしたものをのせ、その上に①を並べ、20分程蒸す。火が通ったら、いったんバットに置き冷ます。
❸なつめをぬるま湯でふやかしておく。
❹もち米を洗米し、すぐに炊飯器で水は白米の2合の目盛りまで注ぎ、炊く。
❺炊き上がった④にポトフ出汁と天然塩を入れて、もち米がお粥のようにやわらかくなるまで5分程炊く。
❻器に盛り、切った②の鶏肉、ちぎった③、クコの実、松の実、ルッコラを盛り付ける。

／お米**レシピ**／

むかごのおこわ（炊飯器）

もちもちとした食感がやみつきに

Point

もち米は浸水性があるため、すぐに炊きましょう。また、むかごがない場合は、鶏肉を入れたり、きのこの分量を増やしても◎。

（材料）（4人分）

にんじん　40g
お好みのきのこ　40g
油揚げ　30g
もち米　600g
むかご　1つかみ（60g）
[A]
かつお昆布出汁（P.74）　700ml
天然塩　大さじ1・1/2
たまり醤油　小さじ2・1/2
みりん　小さじ5

（作り方）

❶にんじんは千切りに、油揚げは3cm幅に切り、きのこはほぐす。
❷もち米を洗米する。
❸[A]、むかご、①を加えて炊く。炊き上がったら盛り付けて完成。

／お米**レシピ**／

クッパ

うま味たっぷり韓国風スープごはん

Point

蒸らし炒めは、素材が本来持っているうま味を凝縮させるために行います。素材が持つ水分を使って蒸らすので、焦げません。

（材料）（8人分）

鶏ミンチ　400g
にんじん　90g
ニラ　40g
白ネギ　150g
ポトフ出汁（P.60）　1L
卵　5個
きのこ（しいたけ、しめじ）　100g
油揚げ　100g
ごま油　適量
ラー油　適量
黒こしょう　適量

[A]
天然塩　小さじ1/2
きび砂糖　小さじ1
しょうが焼酎(※1)　小さじ1
（きざみしょうがでも可）
にんにくオイル(※2)　小さじ1/2
（きざみにんにくでも可）
たまり醤油　小さじ1/3

[B]
天然塩　小さじ1/3
きび砂糖　小さじ1
うすくち醤油　2滴
魚醤　6滴
たまり醤油　2滴

（作り方）

❶にんじんは短冊切り、油揚げは油抜きをし、長さ4cmの細切りにする。ニラは4～5cmに切る。白ネギは斜めに薄切りにする。しいたけは薄切りにする。しめじは石づきを取ってほぐす。

❷鍋にごま油をひく。鶏ミンチを入れて[A]を混ぜ合わせ、肉汁と調味料をよくなじませ中火で炒める。

❸鶏ミンチに火が通ってきたら、にんじん、きのこを入れて蒸らしながら炒める。

❹③にポトフ出汁、油揚げ、白ネギ、[B]を加えて混ぜ合わせる。白ネギがやわらかくなるまで煮る。

❺④に溶いた卵を入れて、ニラを加え20～30秒蓋をする。器に盛り、お好みでごま油、黒こしょう、ラー油をかけて完成。

※1　90gのしょうがをみじん切りにし、焼酎110mlに漬けておくだけで、使い勝手の良い調味料になります。
※2　60gのにんにくをみじん切りにして150mlのオリーブオイルに漬けます。

／ 出汁**レシピ** ／

ポトフ出汁

メイン料理にも常備菜にも

Point

冷蔵庫で5日間は保存可能。そのままポトフにしたり、シチューやカレーにも応用できます。出汁と具を分けて別の料理にすることもできるので、すぐに料理をしたいときに便利です。

（材料）（作りやすい分量）

鶏もも肉　2枚（600g）
利尻昆布　6g（約6cm × 10cm大）
じゃがいも（皮はむかない）　500g
玉ネギ　220g
にんじん（皮はむかない）　200g
セロリ　15g
水　2L
天然塩　大さじ1/2

（作り方）

❶鍋に水と昆布を入れる。鶏肉とよく洗った野菜は、切らずにすべて鍋に入れ、中火にかける。
❷沸騰しはじめたら弱火にして、天然塩をふる。１時間程煮て、火の通った材料から取り出す。野菜と鶏肉、出汁は別々の保存容器に入れて保存する。

／ 梅レシピ ／

かき卵梅わかめうどん

ふわとろ卵と梅の相性が抜群!

Point

しっかりと沸騰させたところに溶き卵を入れることで、おいしいかき卵ができます。

(材料)(4人分)

かつお昆布出汁(P.74)　1.3L
[A]
　みりん　小さじ3・1/3
　酒　小さじ3・1/2
　うすくち醤油　大さじ1
　天然塩　小さじ1
片栗粉　20g
水　大さじ2
溶き卵　4個分
わかめ(乾燥)　4g
うどん　4玉
梅干し　4個
青ネギ(小口切り)　少々
山椒　少々

(作り方)

❶鍋にあらかじめ作っておいたかつお昆布出汁、[A] の調味料を加えて、混ぜ合わせ、中火にかける。
❷大さじ2の水で溶いた片栗粉を①に加え、とろみをつける。
❸②が沸騰したら、溶き卵を回し入れてかき卵を作る。
❹うどんをゆで、器に盛り、その上から③をかける。
❺④に青ネギ、戻したわかめ、梅干し、山椒をトッピングしたら完成。

／梅レシピ／

鶏南蛮の梅風味

ごはんがすすむコクと酸味

Point

粗熱をとればとるほど、味がしっかりと鶏肉にしみておいしくなります。
1日目から3日目、それぞれのおいしさがあり、お弁当にも最適。

（材料）（4人分）

鶏もも肉
　20カット（ひと口大）
片栗粉　約100g
ごま油　適量
[A]（漬け込み汁）
　いりこ出汁　500ml
　みりん　大さじ4
　たまり醤油
　　大さじ6・1/2
　うすくち醤油
　　小さじ1・2/3
　天然塩
　　小さじ1/2
　梅干し　4個

[B]
　天然塩　小さじ1
　きび砂糖　小さじ1
　甘酒（P.37）　3g
　塩麹（P.37）　3g

［野菜1］
　白ネギ　100g
　みょうが　50g

［トッピング］
　三つ葉　お好みで

［野菜2］
　玉ネギ　70g
　にんじん　50g
　ピーマン　お好みで

（作り方）

❶鶏肉はあらかじめ[B]で下味をつけておく。［野菜1］は斜めに切る。［野菜2］は細く切る。[A]は混ぜ合わせて鍋に入れて、中火で温めておく。
❷鶏肉に片栗粉をまぶす。
❸②をごま油で揚げる、もしくは、オーブンの天板にごま油をひいて、焼く（ヘルシーにしたい場合は、オーブンで焼くとよい）。
❹③の鶏肉に焼き色がついたら、取り出して、①の[A]漬け込み汁に野菜［1］、［2］と一緒に漬け込む。クッキングシートで落とし蓋をし、粗熱を取る。
❺粗熱が取れたら冷蔵庫に入れて冷ます。

／ 梅レシピ ／

梅ドレッシングサラダ

まろやかな酸味があとをひくおいしさ

Point

サラダだけじゃなく、こってりとした肉料理にも合います。

（材料）（4 人分）

〈野菜〉
レタス　適量
大根　170g
じゃこ　大さじ4
（多めの油で炒めてカリカリにする）
大葉　4 枚
かいわれ　適量
[A]〈梅ドレッシング〉
梅干し　4 個
たまり醤油
（なければ普通の醤油）　大さじ 2・2/3
オリーブオイル　大さじ 5・1/3
梅酢　10ml
きび砂糖　小さじ　2・1/3

（作り方）

❶[A] の梅干しから種を取り除き、梅肉を包丁で細かくきざんでたたく。
❷ボウルに梅酢以外の ［A］ と①を加え、よく混ぜ合わせる。
❸②に梅酢を少しずつ入れて味を整える。
❹ちぎったレタスとひょうし切りにした大根を器に盛り、③を適量ふりかける。じゃことちぎった大葉、かいわれをトッピングして完成。

／梅レシピ／

梅の和え物

しゃきしゃき食感を楽しんで

Point

いろいろな季節の野菜、肉、魚を和え衣で和えると簡単でおいしい一品に。

（材料）（4人分）

きゅうり　2本
オクラ　6本
やまいも　1/4カット
かつお節　適量

[A]〈和え衣〉
みりん　大さじ3
ねり梅　25g
果糖　小さじ2/3
醤油麹（P.37）　3g
（醤油でも可）

（作り方）

❶[A]をすべて鍋に入れて中火にかける。ひと煮立ちさせていったん冷ます。
❷きゅうりをたたいて塩を適量（分量外）ふる。オクラは塩ゆでにし半分に切り、やまいもは短冊切りにする。
❸器に②の野菜を盛り付け、①でさっと和えてかつお節をのせて完成。

／ **梅レシピ** ／

梅酢ドリンク

肌が喜ぶビタミンが豊富

（材料）（4人分）

水　150ml

梅酢　15ml

（作り方）

❶水にお好みで梅酢を適量入れる。

Point

梅酢とは、実はお酢ではなく、生梅を塩に漬けたときに出る果汁のこと。果汁にはクエン酸、ポリフェノール、梅を漬ける天然塩には良質なミネラルが豊富に含まれているので、スポーツドリンクに最適！

●**アレンジレシピ 1**

混ぜるだけで簡単　はちみつ梅ソーダ

（材料）　炭酸水　200ml
梅酢　8ml
はちみつ　小さじ1
レモン（スライス）

（作り方）　❶梅酢を冷たい炭酸水で割り、はちみつを加えます。スライスしたレモンを入れるのもおすすめ。

●**アレンジレシピ 2**

みんな大好き！ミックス梅ジュース

（材料）　牛乳　150 ml
お好きな果物　150g
梅酢　8 ml

（作り方）　❶材料をすべてミキサーで混ぜるだけ。お好みの果物でどうぞ。

／ 発酵**レシピ** ／

ブルスケッタ３種

おしゃれな腸活レシピ

いちじくとゴルゴンゾーラ

（材料）

フランスパン　８カット
いちじく　３つ
ゴルゴンゾーラチーズ　24g
塩麹（P.37）　８g
オリーブオイル　お好みで

（作り方）

❶スライスしたフランスパンにゴルゴンゾーラチーズを塗る。軽くオーブントースターで温める。

❷カットしたいちじくと塩麹をのせオリーブオイルをかける。

魚のマリネとトマト

（材料）

フランスパン　８カット
新鮮な魚　お好みの量
（骨、皮以外の身）　300g
トマト　中玉　１個
[A]
　醤油麹（P.37）　８g
　天然塩　適量
　オリーブオイル　大さじ１

（作り方）

❶新鮮な魚を３枚におろし、皮や骨を外して、7mm角に切る（刺身用の魚でもOK）。トマトは、1cm角に切る。

❷①と[A]を軽く和えて、フランスパンに盛り付ける。

豆腐ソース

（材料）

フランスパン　８カット
オクラ　６本
大葉　４枚
鶏ハム　８カット
塩麹（P.37）　8g
[A]
　木綿豆腐　100g
　オリーブオイル　小さじ１
　天然塩　少々
　うすくち醤油　３滴

（作り方）

❶オクラは塩ゆでにして斜めにカットしておく。

❷[A]をミキサーにかける（ない場合は泡立て器で混ぜる）。

❸スライスしたフランスパンに②を塗って、大葉、鶏ハム、塩麹をのせ、①をのせる。

／ 発酵レシピ ／

しいたけの麹スープ

朝食や夜食にも! お腹に優しい

Point

きのこのおいしさ、香りを存分に引き立たせるには昆布出汁でシンプルに仕上げること。きのこの種類は１種類でも可。

（材料）

昆布出汁（※）　500ml
きのこ類　200g
（しいたけ、エリンギ、まいたけ）
塩麹（P.37）　10g
うすくち醤油　小さじ１
たまり醤油　小さじ 1/2
オリーブオイル　少々
にんにくオイル（P.59）　小さじ 1/2
天然塩　少々
こしょう　お好みで

（作り方）

❶きのこを 1cm 幅に切る。
❷ 鍋にオリーブオイルとにんにくオイルをひき、中火にかける。①のしいたけを入れて、天然塩をふり、先に炒めて蓋をし、蒸らす。
❸香りがたってきたら、エリンギ、まいたけを加え、天然塩をふり、再度蓋をする。きのこの水分で２～３分ほど蒸らしてから蓋をあけて中火で炒める。
❹③に昆布出汁を加えて、塩麹、うすくち醤油、たまり醤油で味を整える。
❺器に盛り、オリーブオイル、お好みでこしょうをして完成。

（※）昆布出汁の作り方

500ml の水に 5g（約 5 × 10cm 大）の昆布を入れて、１時間ほど中火にかける。
もしくは冷蔵庫で一晩おく。昆布を取り出して完成。

／ 発酵**レシピ** ／

豆乳バター

コクがあってヘルシー

Point

植物由来の材料で作るので、たくさん塗ってもお腹に優しい一品。洋風の料理のコク出しにも使えます。

（材料）（4 人分）

豆乳ヨーグルト　200g
ココナッツオイル　200g
はちみつ　小さじ 1
甘酒（P.37）　3g
天然塩　1 つまみ

（作り方）

❶ココナッツオイルを湯煎で溶かしておく。
❷豆乳ヨーグルトはキッチンペーパーをしいたザルに上げて水気を切っておく。
❸②の水気が切れたらボウルに入れて、はちみつと甘酒、天然塩を入れて混ぜ合わせる。
❹氷の入った一回り大きいボウルに、③のボウルを入れて、①を混ぜながら加える。まんべんなく混ぜたら容器に入れて冷蔵庫で冷やし固める。

／ 発酵**レシピ** ／

納豆味噌汁

ネバネバ成分で内側からきれいに

Point

日常的に摂れる発酵食品のひとつとして納豆をそのまま食べるのもいいですがお味噌汁に入れるのもおすすめ。

（材料）（4人分）

かつお昆布出汁（P.74）　600ml
豆腐　1丁
味噌　大さじ3
納豆　1パック
オクラ　4本

（作り方）

❶豆腐は1㎝角に切る。オクラはさっと塩ゆでにして、1㎝角に切る。
❷鍋にかつお昆布出汁、納豆を加えて中火にかける。
❸②に味噌を溶き入れ、豆腐を加え味を整える
❹③にオクラを入れて完成。

／旬レシピ／

春のヨモギスムージー

万能ハーブであるヨモギを食べやすく

Point

スムージーの材料は凍らせてからミキサーにかけた方が粘性が出ておいしいのでおすすめです。生のまま使うと、サラッとした仕上がりになります。

（材料）（1人分）

ゆでたヨモギ　15g（生でも可）
バナナ　80g
はちみつ　小さじ1/3
甘酒（P.37）　10g
黒ごま　3g
水または氷　15g
豆乳　170ml

（作り方）

❶バナナは皮をむいて凍らせておく。ゆでたヨモギは凍らせる。はちみつ、黒ごま、甘酒も同様に凍らせておく。
❷すべての材料を合わせてミキサーにかける。

／旬レシピ／

夏のマンゴースムージー

疲れた肌にビタミン補給

Point

紫外線予防効果もある南国フルーツを気軽にとり入れよう！

（材料）（1人分）

マンゴー　65g
オレンジ　45g
バナナ　33g
水または氷　22g
ライスミルク　130ml

（作り方）

❶マンゴー、オレンジ、バナナはすべて皮をむいて凍らせておく。
❷すべての材料を合わせてミキサーにかける。

／旬レシピ／

秋のりんごスムージー

ライムのさわやかさがアクセントに

Point

ライムは果汁タイプでも作れます（凍らせなくても可）。また、風味は変わりますがレモンでも代用できます。

（材料）（1人分）

りんご　40g
ブルーベリー　20g
ライム（果肉）　15g
バナナ　90g
水または氷　15g
ライスミルクまたは甘酒　130ml

（作り方）

❶バナナ、りんご、ライムは皮をむいて凍らせておく。ブルーベリーはそのまま凍らせておく。
❷すべての材料を合わせてミキサーにかける。

／旬レシピ／

冬のいちごスムージー

アサイーをプラスして抗酸化力アップ！

Point

季節の果実と季節の野菜を組み合わせると相性抜群！ フルーツがないときは野菜を入れても◎。

（材料）（4人分）

アサイーパウダー　ひとつまみ
いちご　65g
バナナ　65g
ラズベリー　20g
水または氷　19g

（作り方）

❶バナナは皮をむいて凍らせておく。いちご、ラズベリーはそのまま凍らせておく。
❷すべての材料を合わせてミキサーにかける。

／ヨモギレシピ／

ヨモギの炊き込みごはん

調子を整えたいときの浄化ごはん

Point

粉末がないときはゆがいたヨモギを多めに入れてください。

（材料）（2合分）

お米　2合
お好みのきのこ
　合わせて100g
油揚げ　30g
にんじん　80g
ゆがいたヨモギ　15g
ヨモギ粉末　0.5g
かつお昆布出汁（※）　500ml

［A］
天然塩　小さじ1
酒　大さじ1
たまり醤油　小さじ1
みりん　小さじ2・1/2
塩麹（P.37）　5g
うすくち醤油　少々

（作り方）

❶かつお昆布出汁を鍋に入れ、［A］を入れて中火にかけてなじませる。
❷きのこはお好みの大きさに切る。油揚げは0.5cm幅に切る。にんじんは0.5cm幅の細切りにする。
❸お米を洗い、①を炊飯器の2合目盛りまで入れる。②を加えて炊飯器にセットする。
❹③にヨモギ粉末を加えて、炊飯する。
❺炊き上がったら、ゆがいてみじん切りにしたヨモギと混ぜ合わせ、盛り付ける。

（※）かつお昆布出汁

（材料）

水　1L
昆布　15g
かつお節　20g

（作り方）

❶昆布を水に一晩ほどひたしておく。
❷①を鍋にうつし、沸騰させないように5分ほど中火にかける。
❸かつお節を加える。アクを取りながら鍋底に沈んだかつお節がぐらっと上がってくるのを待つ。上がってきたらすぐに火を止める。
❹キッチンペーパーかさらしでこす。冷蔵庫で2日間は保存可能。

／ヨモギ**レシピ**／

ヨモギドレッシングサラダ

あざやかなグリーンが食欲をそそる

Point
マヨネーズを自家製（P.86）にしてもおいしい！

（材料）（4人分）

[A]
- ゆがいたヨモギ　50g
- オリーブオイル　大さじ4
- 天然塩　小さじ1/2
- きび砂糖　小さじ2/3
- うすくち醤油　小さじ1・2/3
- マヨネーズ　110g

［お好みの季節野菜］
- レタス　200g
- トマト　160g
- 紫玉ネギ　120g
- ゆで卵　適量
- ヨモギ　10g
- ごぼう（ピーラーで削ったものを素揚げする）　お好みで

（作り方）

❶野菜をカットして器に盛る。
❷[A] を合わせてミキサーにかけ、①の上にかけてごぼうをトッピングして完成。

／ヨモギ**レシピ**／

ヨモギのケークサレ

塩味の野菜のパウンドケーキ

Point

ケークサレは、フランス語で塩味のケーキのこと。塩味のケーキは朝食やおやつにも◎。ベーキングパウダーは、ミョウバンなど添加物のないアルミフリーがおすすめです。

（材料）［パウンドケーキ型（縦 17.5cm ×横 8cm ×高さ 6cm）1 台分］

玉ネギ　80g
炒めた野菜と炊いた豆
　合わせて 100g（ピーマン、かぼちゃ、にんじん、小豆など）
卵　125g
パルメザンチーズ　40g
米粉　125g
ベーキングパウダー　6g
ヨモギ粉末　5g
牛乳　70ml
天然塩　小さじ 1/5
オリーブオイル　大さじ 4
トッピング用の野菜お好みで（プチトマトなど）

（作り方）

❶玉ネギはみじん切りにし、油をひいたフライパンできつね色になるまで炒めてから、バットにうつす。他の野菜は、7 mm 角に切って炒め、豆は一晩水に漬けておき、炊く。
❷ボウルに卵と天然塩を入れて泡立て器でよく混ぜる。
❸②にオリーブオイルと牛乳を少しずつ糸状に垂らしながら加え混ぜる。
❹③に①の玉ネギとパルメザンチーズを加えてよく混ぜる。
❺米粉とベーキンパウダーをふるいにかける。ヨモギ粉末を加え④に入れる。
❻太めの菜箸 3 本を立てて、⑤のボウルの中で円を描くようにしながら 30 ～ 35 回くらい混ぜる。
❼①の玉ネギ以外を⑥に入れて、ゴムべらで 7 ～ 8 回、切るように混ぜ合わせる。あまり混ぜすぎないのがポイント。
❽クッキングシートをしいた型に流し込む。お好みでトッピング用の野菜などをのせて焼いても OK（野菜は硬すぎないものをチョイス）。
❾型に流し込んだら 180°Cのオーブンで 40 分焼く。
❿焼けたら粗熱をとって型から取り出し、器に盛る。

／ヨモギ**レシピ**／

ヨモギのくず餅

ぷるぷる食感がやみつきに

Point

あんこを添えるのも
おすすめです。

（材料）（4人分）

本くず粉　25g
ヨモギ粉末　2g
水　250ml
黒蜜、きなこなど　お好みで

[A]
きび砂糖　小さじ2
天然塩　少々
キパワーソルト　少々

（作り方）

❶鍋に本くず粉、ヨモギ粉末、[A]、水を加え、泡立て器でよく混ぜる。
❷泡立て器で混ぜながら中火にかける。加熱しながら本くず粉、ヨモギ粉末が溶けるまで回し溶かす。
❸色が変わり、透明になってきたら弱火にし、1分間素早く混ぜる。
❹③をクッキングシートをしいた型に入れる。乾燥を防ぐため、表面にもクッキングシートを密着させる。
❺粗熱がとれたら冷蔵庫で冷やし固めて完成。お好みで、黒蜜、きなこをかけてもOK。

／ヨモギレシピ／

ヨモギ茶2種類

薬膳食材でほんのりした甘味

Point

水蒸気に溶け込んだお茶の香り成分を逃さないよういずれも必ず蓋をして抽出してください。

（材料）（4人分）

［ヨモギ茶1］

ヨモギ（乾燥）　2g
なつめ（種を除いて実のみ）　4g
湯　250〜280ml

［ヨモギ茶2］

ヨモギ（乾燥）　2g
びわ葉　2g
クコの実　2g
湯　250〜280ml

（作り方）

ヨモギ茶1

❶ティーポットにヨモギとなつめを入れる。沸騰したお湯を注ぎ、蓋をして5分ほど経ったらヨモギを取り出す。なつめは入れたまま、蓋をして5分蒸らす。
❷蒸らしたら、茶碗に注げば完成。

ヨモギ茶2

❶ティーポットにヨモギとびわ葉、クコの実を入れる。沸騰したお湯を注ぎ、蓋をして5分ほど経ったらヨモギを取り出す。びわ葉、クコの実を入れたまま、蓋をして5分蒸らす。
❷蒸らし終えたら、びわ葉を取り出す。クコの実はそのまま茶碗に注げば完成。

／豆腐**レシピ**／

豆腐ハンバーグ

満足感たっぷりのごちそうメニュー

（材料）《8個分　1個100g》

木綿豆腐　100g
白ネギ　25g
鶏ミンチ　500g
卵　15g
ひじき煮　50g
大根　100g

キパワーソルト　少々
天然塩　小さじ1/2
きび砂糖　小さじ2/3
甘酒（P.37）　3g
しょうが焼酎（P.59）　10g
[A]
　たまり醤油　小さじ1/3
　うすくち醤油　小さじ1/3
　片栗粉　小さじ1
　酒　小さじ1/2
ごま油　適量
オリーブオイル
　適量

[自家製ポン酢]
　ゆず果汁　6個分
　みりん　大さじ4・2/3
　たまり醤油　大さじ3・1/3
　酢　大さじ2
[付け合わせ]
　かぼちゃ（季節の野菜）
　　4カット
　しいたけ　2個
天然塩　少々
みょうが・青ネギ　適量

（作り方）

❶豆腐は水切りしておく。白ネギはみじん切りにする。大根はおろし器でおろし、水気を切る。
❷ボウルに鶏ミンチを入れ、キパワーソルト、天然塩、きび砂糖、甘酒の順番に加えこねる。
❸肉に粘りが出たら、白ネギとしょうが焼酎、豆腐を加えて混ぜ合わせる。
❹③に溶き卵、ひじき煮、[A]加え、よく混ぜ合わせる。
❺たねを八等分になるように丸める。フライパンにごま油をうすくひく。中火でたねを並べて両面を焼く。箸をさして、透明な肉汁がでてきたら、火を止めて取り出す。
❻同じフライパンにかぼちゃとしいたけを入れる。天然塩、オリーブオイルを適量ふりかける。焼き色がついたら、付け合わせの完成。
❼トッピングのみょうがは千切りにする。青ネギは小口切りにする。ポン酢の材料を混ぜ合わせる。⑤を器に盛り付けて付け合わせとトッピングをのせたら完成。お好みでポン酢をかけていただく。

Point
もっと柔らかくしたい場合は
豆腐の量を増やしても◎。

／豆腐**レシピ**／

肉豆腐

家庭料理の定番

Point

肉豆腐は材料を入れる順番でおいしさが変わります。トッピングの千切りしょうが、ネギがあると味に変化が生まれておすすめです。

（材料）4人分

木綿豆腐　2丁
きのこ　1房
牛肉薄切り　320g
玉ネギ　240g
白ネギ　40g
糸こんにゃく　適量
天然塩　少々

[A]

水　150ml
果糖　小さじ5
天光糖　小さじ5
たまり醤油　大さじ4・1/2
酒　大さじ4
みりん　大さじ3・1/3

[B]

うすくち醤油　小さじ2・1/3
たまり醤油　小さじ2

[トッピング]

青ネギ（小口切り）　少々
しょうが（千切り）　少々

（作り方）

❶牛肉に天然塩をふり下味をつけておく。玉ネギはくし切りにする。白ネギは、斜め切りにしておく。糸こんにゃくは、下ゆでしてザルに上げる。豆腐は食べやすい大きさに切っておく。きのこの石づきを取り、食べやすい大きさに切る。

❷[A]を中火にかけて合わせ調味料を作る。

❸別の鍋に②を3分の2入れさらに中火にかける。沸騰したら玉ネギを入れて半透明になるまで待つ。

❹③に牛肉をほぐしながら入れる。半生の状態で牛肉のみをクッキングシートをしいたバットの上に取り出す。

❺鍋に豆腐をしきつめるように入れていく。玉ネギは豆腐の上にのせ、蓋をして中火で5分おく。

❻5分経ったら、きのこ、白ネギ、糸こんにゃく、残りの[A]を加える。

❼豆腐を寄せて、④の牛肉を鍋に戻し、煮汁にからませながら、[B]を加えて味を整える。蓋をして中火で1分おいたらお好みでトッピングをのせて完成。

／豆腐**レシピ**／

豆腐の米粉グラタン

熱々クリーミーがたまらない

Point

シンプルに豆腐と米粉のホワイトソースを味わえるのでメインにも、副菜としても重宝します。
お好みの季節野菜を入れたり、ボリュームを出したいときはお肉を入れてもおいしい。

（材料）

絹豆腐　2丁
きのこ　180g
玉ネギ　90g
米粉　60g
牛乳　500cc
たまり醤油　小さじ1/2
［A］｜天然塩　小さじ1/2
｜きび砂糖もしくは甘酒
｜　お好みで味を整える程度
［B］｜天然塩　ひとつまみ
｜うすくち醤油　小さじ1/3

シュレッドチーズ　お好みの量で
オリーブオイル　適量

（作り方）

❶豆腐は天然塩（分量外）を入れたお湯に潜らせてから、水気をよく切っておく。
❷きのこの石づきを取り、カットする。玉ネギは薄切りに。
❸米粉のホワイトソースを作る。鍋に米粉と牛乳を入れてよく混ぜ、火にかけて水分を飛ばしながら焦げ付かないよう、粘りが出るまで混ぜる。
❹フライパンにオリーブオイル、玉ネギ、天然塩ひとつまみ（分量外）を入れて炒め、よく炒まったところできのこを入れてなじませ、たまり醤油を入れて風味をよくする。
❺③の鍋に④を加えて、［A］で味を整える。
❻①の豆腐に、［B］をなじませてから、オーブン皿に並べる。
❼⑥の豆腐の上に⑤のホワイトソースをかけて、シュレッドチーズをのせて焼き目がつくまで200°Cのオーブンで15～20分ほど焼く。

／豆腐**レシピ**／

スンドゥブ

豆腐とキムチたっぷりの美肌鍋

Point

魚醤を入れることでグッとうま味が引き立ちます。キムチが入ると味に変化が！ 残ったスープに麺、ごはんを入れても最高。

（材料）（4 人分）

豚バラ肉　400g
木綿豆腐　2丁
白ネギ　2本
キムチ　400g
しいたけ　6つ
にら　1束
卵　4個

ポトフ出汁（P.60）　400ml
かつお昆布出汁（P.74）　400ml
コチュジャン　50g
うすくち醤油　小さじ2
魚醤　小さじ5
かんずり　お好みで
ごま油　適量
にんにくオイル（P.59）　適量
天然塩　適量
こしょう　適量
ラー油　お好みで

（作り方）

❶豚肉を食べやすい大きさに切って天然塩、こしょうをしてもみ込む。
❷鍋にごま油とにんにくオイルをひいて①を入れて炒める。
❸②に斜め切りにした白ネギを入れる。天然塩を適量ふり、キムチを入れて炒める。
❹③にポトフ出汁とかつお昆布出汁を入れて、コチュジャンを溶かし入れる。蓋をして中火で煮込む。
❺④にしいたけ、ちぎった豆腐を入れる。
❻豆腐に味が染み込んだらうすくち醤油、魚醤を入れる。かんずりで味を整える。
❼卵とニラを入れる。卵に火が通る前に火を止め器に盛り付ける。
❽お好みでラー油をかけて完成。

／スパイスレシピ／

日本風インドカレー

かつお昆布出汁とかんずりで日本風に

Point

かんずりを加えるとごはんとの相性がグッと良くなります。お好みの量で入れてみてください。ただし、入れすぎには注意。

〈材料〉（4人分）

鶏もも肉　600g
玉ネギ　700g
パプリカ　250g
トマト缶
（カットタイプ）　250g
ケチャップ　50g
ポトフ出汁（P.60）　1.3L
かつお昆布出汁（P.74）　500ml
きび砂糖　大さじ1・1/3
にんにくオイル（P.59）　大さじ1
しょうが焼酎（P.59）　大さじ1
ローリエ　1枚
クミンシード　5g
天然塩　少々
魚醤　適量
たまり醤油　少々
バター　適量
水　300ml
オリーブオイル　適量

［A］
カレー粉　1g
ヨーグルト　60g
塩麹（P.37）　大さじ2/3
甘酒　小さじ2
キパワーソルト　少々
天然塩　肉の重量の0.6%の量

［B］
シナモン　2本
カルダモン　10粒
クローブ　5粒

［C］
ヨーグルト　70g
ガラムマサラ　適量
かんずり
（唐辛子の発酵調味料）　適量

〈作り方〉

❶鶏肉をひと口サイズに切る。ボウルの中に肉と［A］を加え混ぜ下味をつける。

❷鍋にオリーブオイルをひき、［B］を入れる。中火でオリーブオイルに混ぜ合わせる。香りが出たら、弱火にしてカルダモンとクローブを取り出す。

❸②にクミンシードと薄切りした玉ネギ、天然塩少々を加えて炒める。玉ネギがきつね色になったら、薄切りしたパプリカ、天然塩少々を加え、さらに蒸し炒めに。

❹③にトマト缶とケチャップを加え、じっくりと中火で5分炒める。

❺④に、ポトフ出汁、かつお昆布出汁を加え、さらにローリエ、魚醤少々を加えて味を整える。

❻フライパンにオリーブオイルをひき、①の鶏肉を入れて塩少々ふる。鶏肉の皮目を下にして水分を飛ばしてカリっとさせる。バターを入れ、鶏肉の両面に火が通ったら取り出す。

❼⑥を⑤の鍋に入れる。中火にしてにんにくオイルとしょうが焼酎を加える。さらに、［C］を加える。

❽味を見ながら、たまり醤油少々、きび砂糖、魚醤少々を加えてさらに中火で10分煮込む。シナモンを取り出し、味がまとまったら完成。

／スパイスレシピ／

キーマカレー

野菜たっぷりの優しい味わい

（材料）（4 人分）

鶏ミンチ　400g
じゃがいも　600g
玉ネギ　270g
にんじん　90g
トマト　170g

ポトフ出汁（P.60）　200 ～ 300ml
にんにくオイル　大さじ 1・2/3（P.59）
しょうが焼酎（P.59）　大さじ 1

[A]
ガラムマサラ　小さじ1
天然塩　小さじ 1/2
きび砂糖　適量
甘酒　適量
たまり醤油　適量
塩麹（P.37）　適量

（作り方）

❶じゃがいもは皮付きのままでよく洗い、ひと口大に切る。水を張ったボウルに入れて 5 分ほどアク抜きをする。水気をよく切る。フライパンにオリーブオイル（分量外）を入れる。じゃがいもを加え、中火で素揚げする。焼き色がついたら取り出す。玉ネギ、にんじんはみじん切りにする。

❷鍋にオリーブオイル（分量外）を入れ、にんにくオイル、しょうが焼酎、玉ネギを加えてじっくり弱火で炒める。

❸②に鶏ミンチ、にんじんを加え塩麹小さじ 1（分量外）を入れて、天然塩ひとつまみ（分量外）をふる。肉の香ばしさが香るまで、しっかり煮ていく。

❹肉に火が通ってきたら、角切りにしたトマトを入れて、天然塩ひとつまみ（分量外）をふる。トマトの水分を飛ばすように混ぜ合わせる。

❺[A] を加えて全体にしっかりと混ぜ合わせる。スパイスの香りがたってきたら、じゃがいもを炒める。

❻ポトフ出汁を加える。さらに天然塩、たまり醤油（ともに分量外）を適量加えて、味を調整する。

／スパイスレシピ／

なつめ茶

女性特有の悩みに寄り添ってくれる

（材料）（4人分）
なつめ　10個（約80g）
水　1L

Point

煮出し時間は、あっさりと仕上げたいなら1時間。濃厚なコクを楽しみたいなら2時間。クコの実を入れても相性抜群です。
なつめは、鉄分、カルシウムが豊富。貧血予防、疲労回復などに◎。クコの実は、ビタミンB1、ビタミンB2、ビタミンCがたっぷり。免疫力も高めてくれるうえ、なつめ同様に美容効果にも優れています。

（作り方）
❶鍋に水を入れる。なつめを入れて中火で煮込む。煮立ったら弱火にし、フタをしてじっくりと煮出していく（時間はPointを参照）。
❷時間がないときは、専用のボトルになつめを入れてお湯を注ぐだけでもOK。お湯が足りなくなったら注ぎ足して、お好みの味に調整しても。

／発酵レシピ／

自家製マヨネーズのポテトサラダ

ほんのひと手間でおいしさ倍増

Point

熱いうちに塩をしておくと味がよくなじみ、じゃがいもがいっそうおいしく感じられるのでおすすめです。また自家製のマヨネーズは簡単にできるので、ぜひ作ってみてください。

（材料）（4人分）

じゃがいも　350g
にんじん　25g
きゅうり　1/4本
玉ネギ　1/8個
自家製マヨネーズ（※）
[A]
酢　小さじ1/2
天然塩　少々
うすくち醤油　少々
たまり醤油　少々
こしょう　お好みで
塩麹（P.37）　適量

（作り方）

❶野菜はすべて洗い、じゃがいもは半分にカットして塩ゆでにする。
❷にんじんはいちょう切りにして、火が通るまで軽く塩ゆでにする。
❸きゅうりは輪切りにして、塩もみしておく。玉ネギは薄くスライスする。
❹じゃがいもがゆがき終わったら、熱々のままボウルに入れて、つぶしながら天然塩適量（分量外）を加える。
❺④ににんじん、水気を切ったきゅうり、玉ネギを入れて、マヨネーズと[A]を加えて和える。

（※）自家製マヨネーズ

（材料）

卵　2個
菜種油　360g
天然塩　小さじ2/3
酢　小さじ4

（作り方）

❶ボウルに、卵、天然塩、酢を入れて混ぜ合わせる。
❷泡立ってくるまで混ぜたら、菜種油を糸状に入れながら攪拌《かくはん》。クリーム状になったら完成。

／発酵レシピ／

焼き浸し

旬の野菜で手軽な作り置き

Point

味が混ざらないよう、素材別に漬け込みます。盛り付けるときに合わせると、それぞれの味が引き立ちます。

（材料）（4人分）

ピーマン　6個
なす　2本
しょうが（すりおろし）　適量
かつお昆布出汁（P.74）　1L
[A]
　みりん　大さじ1
　うすくち醤油　小さじ2
　醤油麹（P.37）　16g
　塩麹（P.37）　10g

（作り方）

❶ピーマンは半分に切って種を取る。なすは食べやすいようにしま模様に皮をむいて縦に4等分に切る。アク抜きのため、水に5分ほどさらす。
❷かつお昆布出汁に[A]を加えて、中火にかけて味を整える。
❸フライパンにごま油（分量外）をひいて、ピーマン、なすをそれぞれ焼き付ける。
❹②の出汁の中に火入れした野菜を漬けて冷ます。野菜ごとにボウルやホーローバットにそれぞれ分けて漬け込む。盛り付けの際は、しょうがをトッピングする。

／デザートレシピ／

米粉の黒ごまビスコッティ

絶妙なザクホロ食感！

Point

ザクザクとした食感がおいしいビスコッティは、ブレイクタイムのおともに最適です。

（材料）（4人分）

溶き卵　50g（Mサイズ1個分）
米油　16g
[A]
- 米粉　50g
- 炒り玄米粉　10g
- アルファ化米粉　10g
- アーモンドプードル　20g
- ベーキングパウダー　小さじ1・1/3
- きび砂糖　大さじ4
- 黒ごま　10g
- 塩　少々

（作り方）

❶[A] をボウルに入れてヘラでよく混ぜる。

❷米油を①に加え、ヘラで全体をなじませてから、溶き卵を入れて混ぜ合わせ生地にする。

❸生地を厚さ2cm、縦8cm、横16cmの長方形に広げて、170℃のオーブンで20分焼く。

❹オーブンから取り出して、粗熱を取ってから、1～1.5cm幅に切り分ける。断面を上にして160℃のオーブンで16分焼く。

❺断面を上から触って固くなっていたら焼き上がり。オーブンから取り出す。

※オーブンによって焼き加減が変わるため、様子を見ながら火加減を調整しましょう。

※アルファ化米粉とは…生米から米粉にするのではなく、炊いたお米から米粉にしているもの。膨らみやすく、体内で消化されやすいことが特徴。

／デザートレシピ／

米粉のパウンドケーキ

もちふわ！にんじんのパウンドケーキ

Point

すりおろしたにんじんを
たっぷり入れたパウンド
ケーキは手土産にも。

（材料）（パウンドケーキ型（縦16×横7cm）1台分）

卵　2個
にんじん（すりおろし）　80g
きび砂糖　大さじ6
果糖　小さじ1/3
天然塩　小さじ1/4
米油　大さじ4・1/2
[A]
米粉　93g
炒り玄米粉　7g
アーモンドプードル　20g
ベーキングパウダー　4g
シナモンパウダー　1g

（作り方）

❶[A]をボウルに入れて、よく混ぜてからふるいでふるう。
❷①とは別のボウルに卵を割りほぐしたら、きび砂糖、果糖、天然塩、米油を加え、泡立て器でよく混ぜ合わせる。
❸②ににんじんを加え、37°Cのお湯で湯煎する。
❹①の粉を3回に分けて③に加える。泡立て器をボウルの底につけるように回しながら混ぜ合わせ、だまをなくす。
❺クッキングシートを敷いた型に④を流し込み、160°Cのオーブンで10分焼く。
❻オーブンから取り出し、真ん中に切れ目を入れる。アルミホイルをかぶせ、再び150°Cで25分焼く。
❼竹串をさして、生地が串につかなかったら完成。

／デザートレシピ／

白きくらげのシロップ煮 季節の果実で

お肌ぷるぷる薬膳スイーツ

Point

お好みでクコの実を入れるとさらに香りが引き立ちます。レモン果汁やワインビネガーを入れても、さっぱりした味が楽しめます。コラーゲン豊富な白きくらげには美肌効果、クコの実には疲労回復を促す働きがあります。胃腸にも優しいので体調が優れないときにもおすすめ。

(材料)(4人分)

白きくらげ(乾燥)　10g
しょうが　4g
シナモン　1/2本
果物(りんご、洋なしなどがおすすめ)
- りんご　1個
- 洋なし　2個
- 桃　2個

はちみつ　60g
(または、きび砂糖　50g)
水　400ml

(作り方)

❶白きくらげは、前の晩にかぶるくらいの水(分量外)に浸しておくか50℃くらいの湯に30分～1時間ほど浸けておく。
❷もどした白きくらげの水気を切る。石づきを除いて、食べやすい大きさに手でちぎる。
❸鍋に水を張り、白きくらげを入れる。中火で40～50分ほど煮る。
❹好みのサイズにカットした果物を入れて、はちみつ、スライスしたしょうが、シナモンを加え味付けする。じっくりと中火で20分煮ていく。
❺白きくらげや果物がやわらかくなったら味を見て整える。お好みの味になったら完成。

Point

野菜や果物を入れてもおいしいです。甘さはお好みで調整して。

／デザートレシピ／

ラッシー

カレーとの相性が抜群

（材料）（4人分）

プレーンヨーグルト　200g
牛乳　120ml
レモン果汁　小さじ2/3
果糖　小さじ1
甘酒　小さじ3
水　適量

（作り方）

❶ヨーグルトと牛乳をミキサーにかける。
❷レモン果汁、果糖、甘酒、水を入れてミキサーにかけて完成。

2章 素肌が美しくなるケア

ここからはスキンケアの実践編。
いろんな情報があふれる中で
迷いがちなスキンケアの基本をお伝えしたうえで
わたしが実際に愛用している
美容と健康のアイテムたちをご紹介します。
どれもわたしを含めたくさんのスタッフが
長く使って効果を実感しているものですが
肌のことは、あなたの肌に聞くのが一番。
最終的には、ご自身で試してみて
肌に合うものを選んでみてください。

内と外からのアプローチ

外側からのスキンケア

ここまでは、食べ物を通して、心と体の力を高めることをお伝えしてきました。いわば、体の内側からのアプローチです。

そして、次にお伝えしたいのが、体の外側からのアプローチ。美しい素肌には、内と外両方からのアプローチが必要不可欠です。

外側からのアプローチとは、いわゆるスキンケアのこと。

一般的なスキンケアは、〝補う〟〝与える〟ことを重要視しますが、わたしが重要視しているのは、〝肌の力を高める〟こと。

肌は本来、自ら再生する、きれいになろうとする力を持っています。わたしたちにできるのは、その後押しをして、応援をすること。それだけで肌は自然と美しくなっていくのです。

●肌の力を高めるために必要な3つのこと

1、洗いすぎない
2、つけすぎない
3、菌を育《はぐく》む

次ページから詳しく解説します。

スキンケアの基本 1

洗いすぎない

美肌に欠かせない皮脂

わたしは顔を洗いすぎないようにしています。

朝やメイクをしていない日の洗顔は、浄水で優しくすすぐ程度。肌がざらついていたり、メイク落としが必要なときは、皮脂を落としすぎないミルククレンジングや、ふき取りタイプのクレンジングウォーターを使うのがお気に入りです。

皮脂は、肌を守る貴重な存在です。例えば、水分の蒸散を防いで肌のうるおいを保ったり、天然の日焼け止め成分として、紫外線のダメージから肌を守ってくれています。それなのに、顔のテカリやニキビを気にして1日に何回も洗顔をして、皮脂を取りすぎてしまうと、肌の乾燥の原因になってしまいます。さらには、皮脂の分泌に異常が起こり、肌の状態が悪くなってしまうことも。それを隠すために、ファンデーションを厚塗りして、洗浄力の強いクレンジングや洗顔が必要になってきて……そんな悪循環になってしまう前に皮脂を見直してみましょう。

「洗いすぎない」を心がけることで、皮脂の分泌が正常になっていき、しっとりとした肌になり、自然とキメが整っていくのです。

つけすぎない

素肌の力を信じてあげる

わたしは極論、肌には何もつけなくていいと思っています。

本来、健康な肌には、自ら皮膚を保護して潤いを保つバリア機能が備わっていて、自然と汗や皮脂が出てくるように、「いらないものを外に出す」働きも持っています。ですから、ちゃんと食べて、肌が元々持っている力を高めてあげるだけで、自然と美肌になっていくのです。

ところが、化粧品のＣＭや広告の影響からか、保湿力の高い化粧品をたくさん塗るのが正解、というイメージをお持ちの方も多いと思います。ですが実際には、つけすぎによって肌の表面に蓋をしてしまうことで、肌本来の機能を妨げてしまい、吹き出物など肌トラブルの原因になることも。

だからといって、いきなりスキンケアをやめるとかではなく、徐々に肌本来の力を引き出すような「つけすぎない」スキンケアに切り替えていくことをおすすめします。

また、すっぴんのイメージが強いわたしですが、ポイントメイクを楽しんだり、出張などでは、肌の状態に応じて、クリームや美容液を使っています（Ｐ・104〜109）。何もしないことが正解ということではなく、メイクもしたり、肌の状態に応じたアイテムも使ったりと、自分の肌と向き合いながら楽しみましょう。

菌を育む

いたわるように、優しく触れる

わたしはスキンケアをするとき、「お疲れさま」と、今日一日の自分の体をいたわり、「微生物さん、ありがとう」という気持ちで、ほほえみながら優しく肌に触れます。

大好きな人に優しく触れられたとき、安心して、ふと体がゆるむ。それは微生物たちも同じです。大好き、愛してる、という気持ちで触れてあげると、微生物は気持ちを感じ取って、より力を発揮してくれます。

肌に住んでいる微生物は「常在菌」と呼ばれ、肌のバリア機能を助けています。この常在菌のバランスが崩れると、ニキビやベタつき、毛穴の開き、黒ずみなど肌トラブルの原因になります。

洗いすぎない、つけすぎないスキンケアは常在菌のバランスを整えるためにも大切なことです。肌の調子が悪いときは特に、メイクは最低限にして、しっかりと毛穴が呼吸できるようにしてあげましょう。また、化粧品に含まれる過度な防腐剤やアルコールも微生物にダメージを与えますので避けてほしいもの。

常在菌が健やかに育つと、肌もうるおい、輝きが増していきます。

見かけだけの美しさではなく
内側からの美しさを

ちこ店長 × かめちゃん

ポラリス診療所の院長の亀井順子さん。西洋医学をはじめ東洋医学、アーユルヴェーダ、ホメオパシーなどのさまざまな代替医療を研究して、現在のポラリス診療所に結集させました。ここでは、そんな亀井順子さんに話を伺いました。

ちこ：亀井先生のことをわたしは〝かめちゃん〟と呼んでいるんですけれども、同じ先生（北極老人）のもとで学んでいて、先生と食卓を囲んで、毎日ごはんを一緒に食べる仲なんですよね。

　この本のテーマ「美しさ」は、健康と切っても切れない関係にあると思います。でも健康情報って、世の中にあふれすぎていて、知れば知るほど振り回されることもありますよね。まず、これだけはおさえておきたいポイントはありますか？

亀井：東洋医学の〝真髄〟はとてもシンプルで「補《ほ》」と「瀉《しゃ》」、この2点に集約されるんです。「補」とは、必要な気、血液、水が補われ、それが滞りなく巡ること。「瀉」とは、不要な汚血（※）や、邪気を、体から出すこと。

　さまざまな医療、健康法を学んできましたが、そのすべてが〝補〟と〝瀉〟の大原則にのっとったものでした。

※汚血：体に害を及ぼすような、汚れたり、滞ったり、固まりやすくなったりした血液のこと。

ちこ：「補」は体に、何を補うのか。普段の食事からいいものを体に入れていく。「瀉」は、どうやって体内から〝毒〟を排出するのか？　ということですか？

亀井：はい。とにかく現代を生きていたら、絶対になんらかの毒が溜《た》まってしまいます。お薬を飲んだり、いろんな保存料や添加物を摂ったり、そういう化学物質を一切摂らずに生活している人はいませんので。それに日常生活での体の動きも、必ず偏りが生まれますよね。職業柄、立ちっぱなしとか、座りっぱなしとか、ずっと同じ姿勢でいたりとか。すると体の中に〝滞り〟が生まれて、毒が溜まってしまう。その毒が、痛み、かゆみ、いろんな病気や症状を作り出していくという仕組みです。だから問題の根本になる体内の毒を日々のメンテナンスで外に出していくのが、すごく大事です。

ちこ：肌のトラブルも内面の毒を体の外に出そうとする、人体の自然な働きの一つということですよね。

亀井：そうですね。特に皮膚の病気であれば、体中の毒を出していくことで良くなっていく場合もあります。でも一般的には、皮膚に湿疹《しっしん》やニキビ、膿《うみ》が出たりすると、それに対してネガティブに反応してしまう人が多いですね。「うわ、こんなの出てきた」と疎《うと》ましくなるんだけれど、実はそれって体を良くしていくための前段階で、本当に喜ばしいことだと捉えることが大事です。

いわゆる〝風邪〟も、毒を体の外に出そうとする働きですね。熱や、咳、痰、鼻水は、毒を分解したり、体の外に出そうとしているんです。けれど、現代では薬で風邪の症状を抑えて、毒が出ないようにしてしまっています。

毒が出ていくのを良いことだと解釈できるかどうか。

ちこ：一見ネガティブな体の反応に対して、「ダメなものだ」というよりも、「出てきてくれた」と受け入れて、待つことですよね。毒を出し切らない限り、その次の段階に進まないので。
わたし自身、体に合わない食べ物を摂ると、すぐにニキビになります。昔だったら「うわ、できてしまった」と気持ちが沈んでいたのが、今は平静な気持ちで受け止めてるんですね。それって、心にもすごく優しい。ニキビがイヤなこと、ダメなことだと思ってるときって、本当に苦しんでいました。それにしか注目できなかったから、人に会うのも嫌で。でも「もう出し切るしかないな」となった。だから、〝受け入れる〟ってめちゃくちゃ大事なんだろうなって。
亀井：健康的なのは、毒が溜まらないうちに自然な形で出していくことですね。普段から適度に体を動かして血流を良くして、水分をしっかり摂っていれば、尿や便、汗から毒が排出されやすくなります。それでも出し切れない毒素は、わたしの医院で採用している汚れた血を吸い出す治療法で対応することもできます。
ちこ：心も同じように、何かを抱えたまま蓋をするのではなく、常に風通しのいい状態が理想だなと思います。美しさって、顔の微《び》表情《ひょうじょう》に出てくると思うんです。写真を撮ったり鏡を見たりするときではなくて、ふとしたときの、表情になっていないような繊細な部分ですね。

　微表情には自分の気持ちや感情がいろいろのっていて、周りの人や空間に大きな影響を与えているんです。言わずに溜めてきた思いや、閉じ込めた感情でさえも、結局は顔に出る。もし微表情が美しかったら周りの人も元気になっていくし、微表情が暗かったら周りの人もどよんとしてきます。

　わたしが高校生だったときのひどい肌荒れも、そもそもの原因をたどると強いストレスがありました。我慢する、言いたいことを言わない、感情を押し殺す、そういった在り方ですね。なので、蓋をせずに流していくような生き方が、微表情を美しくしていくのだと思います。

亀井：微表情は隠せないですよね。どんなに上からお化粧をしようとも、内から出るものだから。

ちこ：今回の本で「美しさ」は一つのテーマなんですけれど、単純に見かけだけを良くしようというよりも、微表情まで美しいような生き方、在り方を、読者のみなさんにも目指してもらえたらいいなと思ってます。

　ありがとうございました。

プロフィール

亀井順子　ポラリス診療所　院長

医学部受験の勉強をしていたときに北極老人に出会い、師事。医学部卒業後は、内科勤務医として働きながら、東洋医学、アーユルヴェーダ、オステオパシー、ホメオパシー、波動療法、などさまざまな代替医療を学ぶ。2022年にカッピング（汚血吸引療法）を行う「ポラリス診療所」を開院。

試してみて、自分のセンサーを見つける

脱スキンケア難民！　アイテムの選び方

世の中にはたくさんの化粧品があります。いろいろ試しながらも、なかなかピンとくるものに出会えず、「何を使ったらいいのか」「何を基準に選んだらいいのか」迷い続けてませんか？

基本的な選び方は、良い原料のものを選ぶこと。食べ物と同じで、できるだけ人工的な物が使われていないものを選ぶことです。

ただし、成分にこだわりすぎると「この原料は良いけれど、あれはダメ」といった情報に振り回されて、結局、何を選べばいいのか、余計にわからなくなってしまいます。

わたし自身、これまで、高い化粧品から、オーガニックコスメに至るまで、たくさんの物を試し、化粧品難民に陥ってしまった時期もありました。成分に敏感になり、すごく神経質になってしまい、心を壊してしまったことも。そもそもそんな精神状態は、肌にも良くありません。

本当に良いものを知るには、良いものに触れること。これが一番です。良いものに出会うたびに感覚が磨かれ、体がちゃんと反応して気づかせてくれるようになるのです。目に見える情報だけを見て、頭で判断するのではなく、〝ピンとアンテナが立つ〟という感覚。そのセンサーを育てることが大切です。

わたし自身、その感覚が育つまでは、先生におすすめされたものを使うことで、肌がきれいになっていくのを実感してきました。先生は、わたしよりずっと昔から、自分の体を実験台にして、いろいろなものを試してこられ、良いものをたくさん知っていました。

わたしもそれに触れさせてもらうことで、今では、使う前から「これ良いんじゃないかな」とアンテナが立つようになりました。

わたしだけではありません。今では周りのみんなで、「これ良いよ！」「あれ良かったよ！」と共有できるようになったことで、ひとりで実験していた頃よりも、ずっとたくさんの良いものに出会えるようになりました。

この本では、全部、自分で試してみて、本当に良いなと思うものだけをご紹介しています。ぜひ使って実感して、感覚を育ててみてください。そのうちに、あなたも自分で選べるようになるはず。

それが、情報や目に見えるものだけでは判断しきれない、良いものと出会う秘訣なのです。

ちこ的おすすめ

スキンケアアイテム

内と外からケアをしてくれる、おすすめアイテムを揃えました。
まずは気になるところから、試してみて。習慣にすることで、
少しずつ輝く素肌に近づいていきますよ。

特別ケア

サンケアスキンセラム

植物のエキスをふんだんに使用している「日焼けケア美容液」です。日焼け予防化粧品として使用でき、洗い流す必要がありません。

極実オリーブエッセンスオイル

オリーブスクワランで作られた美容オイル。さっぱりとした軽い使い心地で、肌の潤いとやわらかさを保ち、数滴で顔全体に伸ばせます。

アルテミシアセンシティブトナー

ヨモギを含む20種類のハーブエキスをブレンドした化粧水。ゆず由来のとろみ成分が、乾燥肌を徹底保湿します。顔はもちろん、全身にも◎

アクアラビュー

1本で角質ケア＆保湿のできる美容液。皮脂を落としすぎず、うるおいを守って肌のコンディションを整えます。

クレンジング

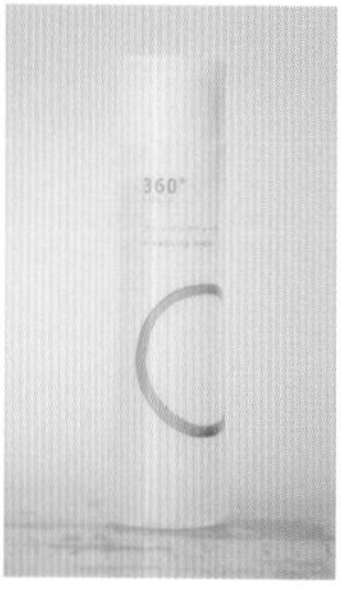

360° kagayaki クレンジングウォーター

お肌の油分を大切にしながら、さっぱりとメイクをオフ。毛穴もキュッと目立たなくしてくれます。TAKEFUコットンとあわせて使うのがおすすめ。

クインテットミルククレンジング

「大豆レシチン」が油分と水分をなじませ、メイクを優しく洗い流します。W洗顔不要で洗い上がりしっとり。

化粧水・オイル

fuu. 化粧水&オイル

「ゆにわ」が育てている無農薬、自然栽培のまぼろしの米ぬか、ゆにわの梅干し「寿（ことぶき）」になる前の紀州南高梅のオイル&エキスを使用しています。肌の調子を整え、透明感とハリのある健やかな肌へと導きます。わたしが開発から植物調合まで関わった初めてのスキンケア商品です。

ムーンライトベイビー

「桃」の葉や種子、果実を余すところなく配合した、フェムケア、デリケートゾーンケアに特化したスキンケアライン。

デリケートな女性の体の悩みにも幅広く対応。季節や環境による肌の変化に優しくアプローチします。さわやかで甘い月桃の香りがストレスを和らげてくれます。

クリーム

エモリエントクリーム
真温（まほか）

「塗る温泉」と呼ばれる、温泉水と馬油の入った美容クリーム。バランスよく肌を整えます。

コットン

モイストアップコットン

竹繊維で作られたふんわりやわらかなコットンは、肌が喜ぶ、感動の心地好さ。大判で保水力も抜群です。

コスメ

アロールート　フェイスパウダー

くず粉からできたフェイスパウダー。適度なマット感とツヤ感を出してくれるので、化粧っ気がほしいとき、テカリを抑えたいときに活躍します。下地やファンデーションはつけず、スキンケアの後、そのままブラシで塗って OK。毛穴を塞がれている感じがなく、つけたまま眠れるほど優しい仕様です。

アロールート　アンサンブル「デュオ」シリーズ（リップ＆チーク）　レッドピアノ／ピンクフルート

うるおいをキープして､素肌をみずみずしく明るく魅せる､チーク＆リップの 2Way パレット。クリームタイプのやわらかい質感で､素肌の色を生かしたヌーディーな発色です。さまざまな日本の和野草を配合し、潤いを保ちながらも、日差しや乾燥ダメージから唇や頬を守ってくれます。

口腔ケア

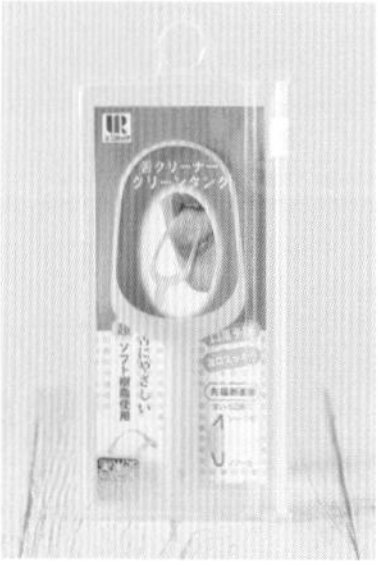

舌クリーナー　クリーンタング

歯磨きの前に、舌の表面の汚れ「舌苔《ぜったい》」を優しくこそげ落とします。口内環境が整うと、味覚のセンサーも磨かれていきます。

シムシム　オイルプリング

オイルプリングとは、植物オイルでうがいをする美容法です。歯磨きの後、仕上げにぶくぶくうがいをすることで、口内環境を整えます。

オーラルピース

水と植物由来成分､食品成分､オーガニック成分のみでつくられている歯磨きジェル。研磨剤や化学成分が入っていないので飲み込んでも安心です。「クリーン＆ホワイト」「クリーン＆モイスチュア　オレンジ・うめ・ミント」の計4種類があります。

掃除

暮らしの重曹

昔から広く使われている肌に優しい自然の安心素材。油汚れ、垢汚れなどの酸性の汚れを中和してくれる万能洗剤です。

暮らしのクエン酸

レモンや梅干しの酸味のもとになるクエン酸を含有。汚れの分解・中和作用のほか、抗菌作用も。環境に配慮したお肌にも優しい洗剤です。

ボディケア

サンケアボディセラム

日焼けのダメージを防いでくれる、ボディ用美容液。朝のお出かけ前は、日焼けが気になる首やデコルテ、腕、脚などに。夜は、お風呂に入った後の軽く湿った素肌になじませます。お子様や敏感肌の方にも使えるのがうれしい。

ミントフェイス

天然ミントがクールな使用感を与えてくれるウエットティッシュ。不織布も環境に優しいパルプのみを使用。暑い夏の必需品として。

大地と光のマッサージオイル

美容液の後は、オイルマッサージ。「大地と光のマッサージオイル」は、ピーナッツ油とオリーブ果実油の組み合わせで、肌のうるおいをキープします。自分の手で体に優しく触れることでヒーリング効果も。

キパワーソルト

還元力をもつ希少な塩。韓国の自然溢れる離島で、細かい結晶になるまで天日干しされ、微生物の酵素や栄養をぎゅっと凝縮させました。

ゆにわのバスシリーズ

有機 JAS 認定の無農薬ワイルドクラフト（自生）の食用ハーブのみを使用。ローズペタルなどを配合した「ビューティー」をはじめ「リラックス」「リフレッシュ」の 3 種類を用意。

ゆにわの入浴料

死海と同様の高濃度の天然ミネラル成分が体を芯から温めてくれます。しっとりタイプはお肌が敏感な方に。さっぱりタイプは、冷えが気になる方に。

モーリスバスエッセンス

「洗いすぎない」体に優しい入浴料。クマザサ葉エキスを使用しているため、洗い上がりはさっぱりしっとりします。

ヘアケア

復元ドライヤー Pro®

振動で濡れた髪を乾かす特許技術により、髪が痛まない低温で乾かすことができます。さらに、髪と地肌に岩盤浴のような温熱効果のある「育成光線」とキューティクルを引き締めてうるおいを与える「マイナス電子」でツヤ髪を実現。

パドルブラシ

頭皮をマッサージするかのような使用感のあるブラシ。ボディには、木目が美しく肌触りが良いブナの木を採用。硬度があるので、衝撃にも強いのが特徴です。女性の手にしっくりとなじみます。

疲労回復

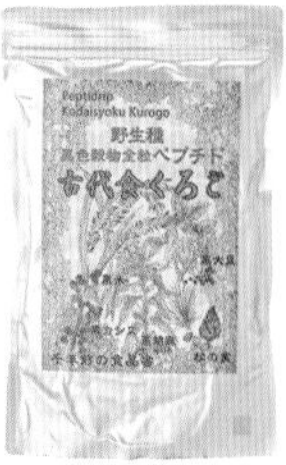

古代食くろご

太陽のエネルギーをたっぷり吸収した、原種の黒米と黒煎り玄米、さらに野生種の穀物や野生果実を丸ごと粉末にした、「黒い」飲み物。消化吸収しやすい形（ペプチド）で、野生種の生命力を丸ごといただけます。香ばしさの中に、ほのかな甘さが。

だし＆栄養スープ

これひとつで「出汁」「調味料」「栄養スープ」の3役をこなす便利な粉末出汁。お湯を注ぐだけで一流の仕出し屋さんもうなる、黄金色の澄んだ「一番出汁」が作れます。また、素材の豊富な栄養素を、独自製法（ペプチド）で丸ごと吸収しやすく加工しているから、抵抗力や体の働きを高めてくれます。

腸活

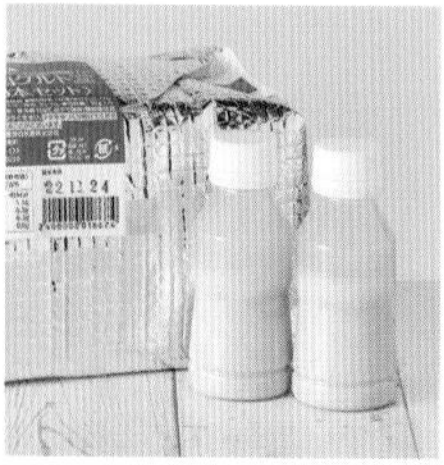

豊菌グルト

腸は免疫の70%を司るといわれている大切な臓器。豊菌グルトは、腸内細菌を整え、良い細菌を増やす働きがあるとされます。

生理

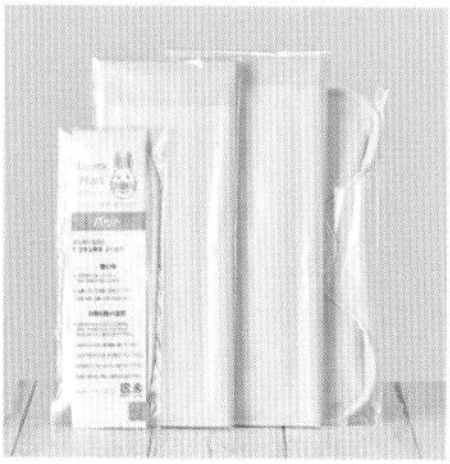

布ナプキン

やわらかくて温かな肌触り。通気性にすぐれ、ムレにくいため、デリケートゾーンのかぶれやかゆみを防いでくれます。また、紙ナプキンの吸水ポリマーと比べて冷えにくく、イヤな臭いや生理トラブルも軽減されます。

睡眠

ゆにわ
オリジナルフレグランス

「自分を変えたい……」その願いを一吹きで実現する「六龍の香り」シリーズ。地・水・火・風・空・月という、６つの自然のエネルギーをイメージして作りました。秘めた魅力や才能を開花させます。お試しセットもあり。

TEAS UNIWA
ハーブティー

肌の健康に欠かせない睡眠ですが、時間だけでなくその質も大切です。寝室を整え、カフェインフリーのハーブティーでリラックスしましょう。緊張をほぐすカモミールやラベンダーの入った「おやすみブレンド」がおすすめです。

アポロイーシンク

電磁波を良いエネルギーに変えるだけでなく、特殊触媒加工されたカーボンシートから“中庸”の波動エネルギーを放出、乱れた心身をバランスの良い状態に戻します。

温活

クロッツ
やわらか湯たんぽ足用ショートタイプ

温活といえば足湯。体の末端にある足を温めることで、全身の血行促進や冷え・むくみの改善とうれしいことずくめです。お湯を入れるだけで、どこでも足湯ができるアイテム。お部屋や職場に一足いかが？

おわりに

この本のはじめに、「しあわせな顔がいちばん美しい」と書きました。

「しあわせ」というと人それぞれですが、少なくとも、自分の生き方を誇らしく思えないと、きっと美しく笑えないものでしょう。

だから美しくあろうと思ったら、最終的には〝美しい生き方〟が大切。

じゃあ、美しい生き方って？

わたしはそれが、〝美〟という字に表されていると感じます。

どうして「美」は「羊《ひつじ》」に「大きい」なのでしょう。

「羊」は大昔より、神様への〝捧げもの〟とされてきました。

だから、大きく丸々と太った羊が「美しさ」の象徴とされたのだそう。

〝捧げる生き方〟は、誰の目にも美しく映ります。

〝捧げる〟とは、決して自己犠牲ではなく、愛そのもの。

大切な人のしあわせを思うと、思わず体が動いて、損得感情も、ちっぽけなプライドも、執着心も、どうでもいいと思える。尽くしていること自体が、しあわせ。そんな姿のことです。

わたしは素肌と心が荒れていたとき、かけがえのない先生（北極老人）と出会って、その美しい生き様に心を撃ち抜かれました。あぁ、人が生きるべき本来の姿は、こうでなくっちゃ！　わたしもこんな風に生きたい、と。

それから16年以上、先生の背中を追いかけ続けてきました。自分はぜんぜん完ぺきじゃない。今なお、転びながら、また起き上がって、の毎日です。
いきなり極論かもしれませんが……、どんなに美しい人も、やがては年老いて、おじいちゃん、おばあちゃんになり、土に還《かえ》っていきます。だから、その年齢の、そのときの自分の姿を好きになって、愛せることがしあわせです。どうか、自分の顔を「愛おしい」と思うくらい、優しく触れて、育ててみてください。きっとその先に、あなた自身でも見たことのない、素敵な笑顔が待っていると思います。

まず、自分のごはんを大切に整えてみてください。優しく肌のケアをしてみてください。この本を読んで、できることからで大丈夫。全部できなくてもいいんです。毎日、少しずつでも自分を整えていった先に、必ず肌と心に伝わっていきます。そうすると、あなたの美しい笑顔が光を発したように、人の心を照らし、癒すことにつながります。

まさに発酵食とは、発光食。

光り輝く素肌と心を持つ人が、世の中にあふれることを心から願っています。

ちこ

素肌と心が整う発酵食レシピ
ゆるくはじめるオーガニック食美容

2023年1月1日　　初版第1刷発行

著者　ちこ
発行人　山口康夫
発行　株式会社エムディエヌコーポレーション
〒101-0051
東京都千代田区神田神保町一丁目105番地
https://books.MdN.co.jp/
発売　株式会社インプレス
〒101-0051
東京都千代田区神田神保町一丁目105番地
印刷・製本　シナノ書籍印刷

Printed in Japan

【カスタマーセンター】
造本には万全を期しておりますが、万一、落丁・乱丁などがございましたら、送料小社負担にてお取り替えいたします。お手数ですが、カスタマーセンターまでご返送ください。

落丁・乱丁本などのご返送先
〒101-0051　東京都千代田区神田神保町一丁目105番地
株式会社エムディエヌコーポレーション カスタマーセンター
TEL：03-4334-2915
内容に関するお問い合わせ先
info@MdN.co.jp

書店・販売店のご注文受付
株式会社インプレス　受注センター
TEL：048-449-8040 ／ FAX：048-449-8041

制作スタッフ
装丁 / 本文デザイン　菅家恵美
撮影　飯島浩彦(MASH)
川端健太(MASH)
ヘアメイク　小澤実和
校閲　株式会社ぷれす
撮影協力　Roots
編集長　山口康夫
担当編集　森　公子

お問合せ

特別ケア

- スキンケアセラム
- アルテミシア センシティブトナー
  (株)オーガニックマザーライフ
  03-6875-9867
- 極実オリーブ エッセンスオイル
  株式会社シマムラ
  073-426-2266
- アクアラビュー
  株式会社山忠
  0120-39-2850

クレンジング

- 360° kagayaki クレンジングウォーター
  宙 sora 株式会社
  0877-89-3500
- クィンテッド ミルククレンジング
  (株)オーガニックマザーライフ
  03-6875-9867

化粧水・オイル

- fuu.
- ムーンライトベビー
  (株)オーガニックマザーライフ
  03-6875-9867

クリーム

- 真温
  有限会社　真温
  お問い合わせ
  グレイトティチャー(株)
  (ゆにわマート)
  072-864-5640

コットン

- モイストアップコットン
  株式会社ナファ生活研究所
  03-5412-7661

コスメ

- アロールート フェイスパウダー
- アロールート アンサンブル 「デュオ」シリーズ(リップ&チーク) レッドピアノ / ピンクフルート
  (株)オーガニックマザーライフ
  03-6875-9867

口腔ケア

- オーラルピース
  お問い合わせ
  グレイトティチャー(株)
  (ゆにわマート)
  072-864-5640
- 舌クリーナー　クリーンタング
  津田孝株式会社 大阪本社
  072-728-3313
- シムシムオイルプリング
  株式会社しむら
  044-855-2271

掃除

- 暮らしの重曹 / 暮らしのクエン酸
  ミヨシ石鹸株式会社
  カスタマーサポート
  03-3633-6961

ボディケア

- ミントフェイス
  (株) 北見ハッカ通商
  0120-17-3663
- サンケアボディセラム
  (株)オーガニックマザーライフ
  03-6875-9867
- 大地と光のマッサージオイル
  有限会社テンプルビューティフル
  045-949-5539
- ゆにわのバスシリーズ
- ゆにわの入浴料
  グレイトティーチャー(株)
  (ゆにわマート)
  072-864-5640
- キパワーソルト
  キパワー株式会社
  お問い合わせ
  グレイトティチャー(株)
  (ゆにわマート)
  072-864-5640
- モーリスバスエッセンス
  株式会社シマムラ
  073-426-2266

ヘアケア

- 復元ドライヤー Pro
- レヴィパドルブラシ
  株式会社 LOUVREDO
  06-7167-0365

疲労回復

- 古代食くろご / 出汁&栄養スープ
  (有) 千年前の食品舎
  お問い合わせ
  グレイトティチャー(株)
  (ゆにわマート)
  072-864-5640

腸活

- 豊菌グルト
  農業生産法人 日本豊受自然農株式会社
  055-945-0210

生理

- 布ナプキン
  グレイトティチャー(株)
  (ゆにわマート)
  072-864-5640

温活

- クロッツ やわらか湯たんぽ 足用ショートタイプ
  ヘルメット潜水株式会社
  0978-67-2251

睡眠

- アポロイーシンク
  株式会社　アポロ科学研究所
  0776-63-2048
- ゆにわオリジナルフレグランス
- ゆにわのハーブティー ～おやすみブレンド～
  グレイトティチャー(株)
  (ゆにわマート)
  072-864-5640

ISBN978-4-295-20468-8　C0077